中国区域能源消费碳排放测算、收敛及脱钩研究

刘志红 著

中国财经出版传媒集团
中国财政经济出版社

图书在版编目（CIP）数据

中国区域能源消费碳排放测算、收敛及脱钩研究/刘志红著.—北京：中国财政经济出版社，2018.12

ISBN 978 – 7 – 5095 – 8727 – 0

Ⅰ.①中… Ⅱ.①刘… Ⅲ.①能源消费 – 研究 – 中国 ②二氧化碳 – 排气 – 研究 – 中国 Ⅳ.①F426.2②X511

中国版本图书馆 CIP 数据核字（2018）第 281781 号

责任编辑：胡 博　　　　　　　责任校对：杨瑞琦
封面设计：孙俪铭

中国财政经济出版社 出版

URL：http：//www.cfeph.cn

E – mail：cfeph @ cfeph.cn

（版权所有　翻印必究）

社址：北京市海淀区阜成路甲28号　邮政编码：100142
营销中心电话：010 – 88191537
北京财经印刷厂印刷　各地新华书店经销
787×1092毫米　16开　11印张　177 000字
2018年12月第1版　2018年12月北京第1次印刷
定价：58.00元
ISBN 978 – 7 – 5095 – 8727 – 0
（图书出现印装问题，本社负责调换）
本社质量投诉电话：010 – 88190744
打击盗版举报热线：010 – 88191661　　QQ：2242791300

前　言

发展是解决一切问题的基础和关键。改革开放以来，中国经济高速增长，已成为全球第二大经济体，按购买力平价衡量，是全球第一大经济体。在较长一段时期，中国经济增长以资源和能源的投入为驱动，在社会经济发展的同时也消耗了大量的能源，付出了较大的环境代价。中国碳排放量占全球比重接近30%，在国际上面临巨大的减排压力。对内面临经济的转型升级和人民对美好生活的需求压力。中国面临着经济增长和碳减排的双重压力和两难困境，成为迫切需要解决的重大课题。经济增长与碳排放关系问题的研究广受学者和政策制定者的关注，是学术研究的热点。理论基础大致包括环境库兹涅茨曲线（EKC）假说、收敛性假说（Convergence Hypothesis）以及碳排放脱钩理论（Decoupling Theory）。然而，学术界基于这些理论对经济增长与碳排放关系的研究尚未形成一致的结论。

通过文献检索与梳理，学术界对碳排放收敛和脱钩问题进行了大量的研究。西方碳排放收敛性研究大多以人均碳排放为指标且研究结论较为一致，研究认为碳排放存在收敛性，尤其是在发达国家。国内有关碳排放收敛性研究近年逐步增多，但各文献研究结论差异较大。一方面，是由于各文献对碳排放指标选取不一致，中国人口众多，省域分布不均且流动性较大，用人均碳排放指标分析中国区域碳排放收敛性存在一定的缺陷。另一方面，是有关碳排放数据缺失，中国官方尚未公布全国及各省域的碳排放数据，从而使得各文献在碳排放研究中所依据的碳排放数据差异较大，影响碳排放相关研究的结论。

现有文献对经济增长与碳排放脱钩的研究结论基本一致，中国碳排放处于弱脱钩状态。但大多数文献采用的是 Tapio 脱钩指数，该指数以二氧化碳变化率与 GDP 增长率的比值构建，衡量两者相对率的变化，适用于碳排放的相对减排，实质为"速度脱钩"。在中国碳减排目标从相对减排逐步过渡到绝对减排的背景下，有必要探讨经济增长与碳排放绝对脱钩指数，本书称之为"数量脱钩"，并根据脱钩指数划分多种数量脱钩类型以更好地区分中国各区域碳排放脱钩状态。

正所谓"无法量化即无法管理"。相对科学地摸清中国能源消费碳排放量"家底"是进行碳排放相关研究和节能减排政策制定的基础。首先，本书在分析总结现有文献在碳排放测算中存在的问题的基础上，以《2006年 IPCC 国家温室气体清单指南》（简称 2006IPCC 指南）和 2011 年《省级温室气体清单编制指南（试行）》（简称省级指南）为基本框架，尝试性地对能源消费碳排放测算方法进行改进，力求使所测算的碳排放量能客观准确地反映中国能源消费碳排放实际，为本书的后续研究提供数据基础。对中国 1991—2015 年能源消费碳排放进行测算，并与国际机构发布的中国碳排放数据进行比较，验证了本书碳排放测算方法改进的合理性和可信性。其次，基于收敛理论和区域碳排放空间分布特征，构建两种空间权重矩阵，运用空间滞后模型（SLM）和空间误差模型（SEM）对区域碳排放强度收敛性进行了空间计量检验。再次，基于"速度脱钩"理论的不足，从碳排放强度下降率和 GDP 增长率关系视角，探讨区域经济增长与碳排放数量脱钩指数，推导出了在碳排放和经济增长实现脱钩时，碳排放强度下降率和 GDP 增长率之间的数量关系式，构建了经济增长与碳排放数量脱钩"可能性曲线"。根据碳排放强度变化率和 GDP 增长率，尝试性地把数量脱钩划分为 8 种状态，并分析了区域能源消费碳排放脱钩及碳排放强度目标情况。以数量脱钩指数为因变量，构建面板数据模型，分析了碳排放脱钩的影响因素。最后，根据本书研究结论，提出了促进经济增长与碳排放由"两难困境"向"双赢区间"转变的政策建议。

具体研究结论如下。

第一，以 2006IPCC 指南和省级指南为基本框架，经改进的能源消费碳排放测算方法具有一定的科学性和可信性。具体改进方法是：能源数据应取自《中国能源统计年鉴》中的"能源平衡表"，优点是可以从"能源平衡表"的加工转换子矩阵中剥离出二次能源加工转换损失量;能源活动水平数据应以终端消费量为基础,加上能源加工转换损失量和能源在生产、输送等过程中的损失量再减去用作原材料的能源;能源类别的选取应在不重复计算的前提下涵盖尽量多的能源类别,其中,热力和电力能源的处理对碳排放测算结果影响较大;单位热值能源碳排放因子应参考省级指南公布的值。

第二,研究期内,中国碳排放强度下降明显,相对减排效果显著,碳排放强度省域差距缩小,而碳排放总量和人均碳排放量省域差距进一步扩大。碳排放量、人均碳排放和碳排放强度三个指标在三大区域间差异较大,这有区域间经济发展差距的原因,也与碳排放测算以生产地为原则有关,没有考虑碳排放区域间转移现象。

第三,中国碳排放整体上不存在收敛现象,但东部、中部和西部存在局部收敛,且三大区域收敛特征差异明显。东部区域相邻省域的碳排放强度下降率与本地区的碳排放强度下降率存在负向影响,中部和西部区域则为正向影响。中部区域碳排放收敛速度最快,GDP 增长率对三大区域碳排放强度收敛均产生显著的负向影响。

第四,研究期内,三大区域和各省份经济增长与碳排放脱钩状态呈现"M"型特征;脱钩指数呈增长趋势,但区域差异较大,北京、上海、湖北等省份能在"十三五"时期实现经济增长与碳排放绝对数量的率先脱钩;中部区域能率先实现 2030 年碳排放强度目标。能源强度的降低是各区域实现经济增长与碳排放脱钩共同的主要正向驱动因素,其他因素在不同区域体现了不同的驱动方向和驱动强度。

本书在吸收前人研究成果的基础上,研究了区域能源消费碳排放收敛和脱钩问题,在以下几个方面可能存在创新。一是对碳排放测算方法进行了改进并验证了该改进方法具有一定的科学性,为碳排放收敛和脱钩研究提供了相对客观准确的碳排放数据。二是构建了两种空间权重矩阵,运用两种空间计量模型研究了碳排放强度的收敛性并得到有意义的结论。三是基于中国碳减排目标由相对减排向绝对减排过渡的背景,以经济增长与碳排放绝对脱钩为视角,构建了碳排放数量脱钩模型和脱钩指数。

目 录

1 绪论 …………………………………………………………………（ 1 ）
　1.1 选题背景与研究意义 …………………………………………（ 1 ）
　1.2 理论基础与文献综述 …………………………………………（ 6 ）
　1.3 研究架构及研究方法 …………………………………………（22）
　1.4 主要创新与不足 ………………………………………………（26）

2 中国区域碳排放测算方法及比较 ……………………………………（29）
　2.1 方法选择：排放因子法 ………………………………………（30）
　2.2 能源活动水平数据 ……………………………………………（32）
　2.3 能源类别的选取 ………………………………………………（39）
　2.4 能源单位热值碳排放因子 ……………………………………（42）
　2.5 实证测算与分析 ………………………………………………（44）
　2.6 本章小结 ………………………………………………………（49）

3 中国区域碳排放空间分布特征分析 …………………………………（50）
　3.1 碳排放描述性分析 ……………………………………………（50）
　3.2 碳排放空间探索性分析 ………………………………………（62）
　3.3 本章小结 ………………………………………………………（72）

4 中国区域碳排放收敛性研究 ……………………………………（74）
4.1 碳排放 σ 收敛 ………………………………………………（75）
4.2 碳排放 β 收敛模型 …………………………………………（77）
4.3 省域碳排放强度 β 收敛实证检验 …………………………（80）
4.4 三大区域碳排放强度空间 β 绝对收敛 ……………………（88）
4.5 三大区域碳排放强度空间 β 条件收敛 ……………………（95）
4.6 本章小结 ………………………………………………………（104）

5 中国区域经济增长与碳排放脱钩研究 ……………………………（105）
5.1 数量脱钩模型构建 ……………………………………………（105）
5.2 实证研究 ………………………………………………………（111）
5.3 区域碳排放强度目标分析 ……………………………………（117）
5.4 本章小结 ………………………………………………………（120）

6 经济增长与碳排放脱钩影响因素分析 ……………………………（121）
6.1 脱钩影响因素分析现状 ………………………………………（121）
6.2 模型构建及数据说明 …………………………………………（123）
6.3 回归过程及结果分析 …………………………………………（129）
6.4 本章小结 ………………………………………………………（134）

7 研究结论与政策建议 ………………………………………………（135）
7.1 研究结论 ………………………………………………………（136）
7.2 政策建议 ………………………………………………………（139）
7.3 未来展望 ………………………………………………………（141）

参考文献 …………………………………………………………………（142）

附录　相关附表 …………………………………………………………（156）

1 绪　　论

1.1 选题背景与研究意义

1.1.1 选题背景

气候变化问题是人类共同面临的最为棘手的世界性难题（荣培君等，2016）。IPCC 第五次评估报告指出气候变化主要源于人类的活动，且其影响有逐步增强的趋势。如果任其发展，气候变化将会对人类和生态系统造成严重、普遍和不可逆转的影响。二氧化碳是温室气体最重要的组成部分（秦耀辰等，2014），2012 年二氧化碳浓度比工业化前高出 41%，二氧化碳排放主要来源于化石燃料燃烧，IPCC 第五次评估报告进一步确认人类活动影响是造成气候变暖的主要原因（概率大于 95%）。为应对此问题，国际组织机构及学者对此进行了大量研究工作，认为全球变暖受到人类活动影响的可能性"极高"，主要源于人类活动和使用化石碳基能源而排放的温室气体。因此，必须改变以资源和能源为驱动的经济增长方式，以创新为驱动，注重经济增长质量。降低高耗能、高污染产业在产业结构中的比重，提高清洁能源和可再生能源在能源结构中的比例的同时，加大节能减排技术研究与创新，减少温室气体排放以应对全球气候变化。温室气体排放不同于一般污染物，其具有公共产品属性，甚至在全球范围具有消费或使用上的非竞争性和受益上的非排他性，由此导致"公共品悲剧"。具体来讲，碳排放空间资源在全球范围内具有整体性，在使用方式上具有公共性和稀缺性等特征，任何国家或区域在何地（全球任何位置）、何时（任何时间段）排放温室气体对全球产生同等的温室效应。因此，宜采取自上而下管理模式，由国际组织和国家最高层协调区域经济发展和环境关系。

（1）国际联合减排行动

全球气候变化不同于其他的环境问题，其具有公共产品属性，需要区域甚至全球范围联合协作，同时还涉及资源开发利用、产业布局和经济发展等各方面问题。在某种程度上气候变化问题同时还是政治问题和经济问题。因此，应对气候变化本质在于在全球范围内在谋求社会经济发展，提高居民生活质量的同时保护好环境，这需要全球范围内各国的积极参与协调。为应对气候变化问题，1988年建立了政府间机构——IPCC，以评估气候变化科学知识的现状、气候变化潜在影响及应对政策措施。主要国际联合减排行动包括：1992年5月9日通过了《联合国气候变化框架公约》，最终目标是稳定温室气体浓度，使之低于对温室气体构成威胁的临界值。1997年，缔约国第3次代表大会在日本京都举行，会议通过了《京都议定书》，提出了采取联合履约、清洁发展机制和国际排放贸易三种机制实现减排目标。2009年，缔约国第15次代表大会商讨了《京都议定书》第一承诺期后的后续方案，并最终达成了《哥本哈根协议》。这次会议是在发达国家强制减排和发展中国家自主行动上取得的最新进展。2011年，缔约国第17次代表大会于南非德班举行，会议通过了"德班一揽子决议"，决定实施《京都议定书》第二承诺期（2013—2020年）并启动"绿色气候基金"。2015巴黎气候大会继《联合国气候变化框架公约》《京都议定书》后，达成一项抑制全球气候变暖、具有约束力的多边协定，确保地球升温不超过工业革命前2摄氏度，但也存在各国意愿难以协调和经济增长对化石燃料的依赖等问题。

（2）中国经济转型升级压力

中国已成为全球的第二大经济体，按购买力平价衡量，是全球第一大经济体。在1978—2016年间，名义国内生产总值（GDP）由3678.7亿元增加到

744127.2亿元，增长了201.3倍，年均增长速度为15.00%；以2005年不变价计算，1995—2016年间，年均增速也达到了9.50%，创造了"中国奇迹"，但也付出了巨大的资源和环境代价。从能源消费来看，中国已由1978年的5.71亿吨标准煤，增长到2015年的40.62亿吨标准煤，增加了7.11倍，成为世界第一大能源消费国。与此相伴，中国碳排放量不断上升，根据IEA数据，2006年中国能源消费碳排放量已跃居世界第一，碳排放量占全球的比重也不断增加，2015年能源消费碳排放量占世界排放总量的27.99%，能源消费二氧化碳排放量由1978年的13.72亿吨增加到2015年的90.41亿吨，增加了5.59倍[①]。

中国已成为世界第一大能源消费国和以二氧化碳为代表的温室气体排放第一大国，作为有担当和负责任的发展中大国，面临着来自国际碳减排和国内人民追求美好生活需要的双重压力。2009年12月，时任国家总理温家宝在哥本哈根气候大会上，做出了争取到2020年，中国单位GDP二氧化碳排放比2005年下降40%~45%的承诺。2015年11月，习近平主席在出席气候变化巴黎大会开幕式时指出，中国"将于2030年左右使二氧化碳排放达到峰值，并争取尽早实现，2030年单位国内生产总值二氧化碳排放比2005年下降60%~65%"。表明在经济增长方式上，中国正在从单纯追求以GDP增长为代表的经济发展向绿色环保低碳发展的转型，在碳减排行动上，中国正从相对减排向绝对减排过渡，体现了中国新时代主要矛盾的转变，也体现了作为世界上最大的发展中国家的担当和使命。但对包括中国在内的发展中国家而言，降低贫困率，努力发展经济，满足人民对美好生活的需求依然是摆在面前的急需解决的重大问题。当前，促进经济增长与碳减排的矛盾凸显，似乎两者犹如鱼与熊掌。但在当前社会主要矛盾和国际碳减排的国内和国际形势下，我们要谋求经济增长以解决发展不平衡、不充分的问题，同时要减少碳排放以满足人民对美好生活的需求。

由于中国地域辽阔，各地区在自然条件、历史渊源等存在较大差异，国家在政策导向与发展战略等方面实施优先或梯度发展策略，形成了显著的二元经济格局。在碳排放空间日益稀缺的背景下，科学制定碳减排政策，合理进行碳

---

① GDP数据为作者根据《中国统计年鉴2017》计算而得，能源消费量数据来自《中国能源统计年鉴2016》，能源消费碳排放量数据来自国际能源署官方网站。

排放约束区域布局，对于区域经济发展的协调、破解二元经济格局具有重要作用。而这依赖于对不同地区碳排放指标，如碳排放总量、人均碳排放及碳排放强度的空间分布格局及其演变趋势有科学、合理的认识。因此，中国发展低碳经济、实施碳减排过程中，各地区依然要遵循"共同但有区别的责任"原则、公平原则和可持续发展原则等。在碳减排政策导向和碳排放空间分配上省域间应体现差异化而不能一刀切。因为中国仍处于社会主义初级阶段，发展问题依然为首要问题，碳减排不仅是环境问题，也是政治问题和经济问题。这是全面建设小康社会的基本要求，也是中国现阶段社会主要矛盾的客观要求。

相对准确科学地测算中国及各区域的碳排放量是实现碳减排目标的基础。中国没有统一的碳排放计算标准，中国官方没有正式公布年度二氧化碳排放报告和数据，而学者和研究机构测算的二氧化碳排放量存在较大的出入。碳减排首先是要摸清全国及各区域碳排放"家底"，即相对准确和客观地测算全国及各省域碳排放量，是实施减能减排、碳排放总量控制、区域和行业分解的基础。由于全国、各省（市区）等各区域碳排放指标数据的不可获得性，各文献国家层面碳排放数据主要进行较为粗略的测算或参考国际能源署（IEA）、美国橡树岭国家实验室二氧化碳分析中心（CDIAC）、全球排放数据库（EDGAR）、世界银行和美国能源情报署（EIA）等国际机构发布的数据，省级及以下层面的碳排放数据和分行业碳排放数据只能根据公布的能源消费量等数据进行测算。由此导致以下问题：一是国家层面碳排放研究较多而省级及以下层面研究偏少，然而准确地把握各区域碳排放状况和特征是进行碳减排政策制定和分解的基础；二是由于各文献在研究方法、能源活动数据来源和选取等具有较大的自由度，这种"自由裁量权"或在研究中的"相机抉择"可能导致对同一区域、同一年度碳排放测算结果产生明显差异，从而影响碳排放相关研究的结论和碳减排政策的制定；三是碳排放权已然成为一种战略资源，更是一种发展权，中国对碳排放"家底"认识不清导致中国在国际上碳排放话语权相对缺失。因此，相对科学、准确、客观地测算全国、各省（市区）等各区域碳排放量，尤其是化石燃料燃烧导致的二氧化碳排放量是进行碳排放研究、实施碳减排的基础。

中国社会主要矛盾已经转化为人民日益增长的美好生活需要和不平衡不充分的发展之间的矛盾。人民对美好生活的需要是一种内容丰富，多层次、多方位的需要，对经济物质的需要和对"碧水蓝天"美丽环境的需要是其固有的内容。意味着经济发展和减缓气候变化同样重要，各地区尤其是经济欠发达地区不应以牺牲经济增长为代价来换取温室气体减排。各省市区碳排放总量、单位GDP碳排放量、人均碳排放量等存在较大的地区差距，同样存在"二元碳排放格局"。在实施碳减排、控制碳排放增量和总量过程中，应基于公平和效率原则，探讨各省市区能源消费碳排放现状怎么样、各省市区碳排放是否会逐渐趋于某一或多个稳态值、各区域经济增长与碳排放脱钩状态怎么样等问题具有非常重要的理论和现实意义。研究这些问题最终的目的是在区域协调发展、社会主要矛盾得到缓和的基础上，总体上实现中国经济发展与碳排放脱钩。

1.1.2 研究意义

（1）理论意义

第一，对能源消费碳排放测算方法进行改进，丰富了碳排放测算方法体系。近些年关于碳排放方面的研究成果较多且取得了丰硕的研究成果，如经济增长与碳排放的关系研究、碳排放影响因素研究、碳排放交易研究、碳排放收敛性研究等。但所有这些研究都依赖于对碳排放量这一"原料"相对准确科学的测算。缺少中国各区域碳排放量数据将"巧妇难为无米之炊"，碳排放方面的研究无法开展。碳排放量数据与现实相背离，无法体现中国真实的碳排放现状的研究也无异于"缘木求鱼"。基于中国未发布各省市区碳排放量数据，现有文献对碳排放测算（估算）结果出入较大的现实，本文以2006IPCC指南和省级指南为基本框架，对全国及省级层面能源消费碳排放量测算方法进行了一定的改进，测算结果与国际机构发布的数据进行比较，验证其具有一定的科学性和合理性，在一定程度上丰富了碳排放测算方法体系，具有一定的理论意义。

第二，丰富了经济增长与碳排放脱钩研究的视角。现有文献对经济增长与碳排放脱钩大多运用Tapio脱钩指数法构建脱钩模型进行分析，其实质探讨的是碳排放增长率与经济增长率之间的关系，实为"速度脱钩"。而经济增长与碳排放脱钩的本质是经济发展过程中研究期的碳排放绝对量不多于基期的碳排放量，此为"数量脱钩"。本书基于"速度脱钩"的不足，从"数量脱钩"的视角探究了经济增长与碳排放的绝对数量脱钩模型。

第三，运用空间计量理论构建碳排放强度空间面板收敛模型，研究中国区域碳排放强度的收敛性。现有研究主要基于传统计量模型研究碳排放收敛性，未取得一致的研究结论。本书从研究方法、碳排放指标选择以及碳排放基础数据来源三个方面研究碳排放的收敛性并得到了有一定价值和意义的研究结论，拓展了碳排放收敛性研究的内容。

（2）现实意义

第一，摸清了一定时期中国30省市区（不含西藏）能源消费碳排放量的"家底"，对中国碳排放现状的认识和碳减排政策的制定具有一定的参考价值。

第二，碳排放强度收敛性研究有利于了解中国及各区域碳排放变化发展的趋势，对中国碳排放峰值目标的实现和碳减排政策的制定具有一定的指导。

第三，分析中国区域经济增长与碳排放所处的脱钩状态以及影响因素，有利于碳减排目标任务的区域分解和因地施策实施差异化碳减排政策，避免"一刀切"。

1.2 理论基础与文献综述

气候变化问题是迄今为止人类共同面临的最大问题，而气候变化主要是由于以二氧化碳为代表的温室气体浓度的升高。本部分首先对碳排放相关理论进行简要回顾，然后对碳排放测算方法、碳排放收敛性、经济增长与碳排放脱钩分别进行文献梳理与评述，以更好地吸收与借鉴前人研究成果，为后续研究打下坚实的基础。

1.2.1 理论基础

自然环境是人类赖以生存和发展的基础，同时人类也影响和改造着自然环境。一方面，经济发展需要从自然环境中获取各种资源和能源的投入；另一方面，自然环境需要接纳和吸收生产和生活中所排放的各种污染物。工业革命后，由于生产和生活方式的变化，人类从自然环境中攫取的资源以及排放污染物的强度大大增加。有关经济增长与环境污染的问题引起广泛关注。气候变化问题是环境问题的重要方面,是人类面临的前所未有的世界性难题。人类活动导致的以二氧化碳为主的温室气体的大量排放被认为是气候变化问题产生的主要原因。稳定的经济增长与碳排放之间呈何种关系状态?随着经济的发展和科技的进步,区域碳排放是否会趋于某个或多个稳态水平?稳定的经济增长与碳排放之间是否能"和谐相处",即实现经济增长与碳排放的"双赢"?以上问题实质是探讨经济增长与碳排放的关系。理论基础多为借鉴环境库兹涅茨曲线假说(the Environmental Kuznets Curve Hypothesis)、经济收敛性假说(Convergence Hypothesis)以及经济增长与碳排放脱钩理论(Decoupling Theory)。

(1) 环境库兹涅茨曲线理论

关于经济增长和环境的关系形成了两种观点:一是以罗马俱乐部提出的"增长极限说"为代表,认为经济增长受到资源的枯竭和生态环境恶化的制约,为防止环境的进一步恶化必须人为降低经济增长的速度(Meadows 等,1972);另一种观点认为经济增长与环境污染并不一定存在线性关系,甚至认为经济增长是改善环境的重要手段(Beckerman, 1992; Barlett, 1994)。库兹涅茨曲线是用来描述收入分配差距随经济水平(GDP)变化而变化的曲线,即为倒"U"型曲线。受该理论的启发,有学者认为经济增长与环境污染之间并不一定是线性关系,有可能是倒"U"型曲线等非线性关系。认为在经济发展水平较低阶段经济的增长与环境污染正相关,经济增长带来环境的破坏和污染的大量排放,但当经济发展到一定阶段,即人均收入(或人均 GDP)达到一定临界值后,经济增长有利于环境质量的改善,即经济增长与环境污染正相关。Grossman 和 Krueger(1995)在研究北美自由贸易协定可能对墨西哥环境造成的影响时,用规模效应、技术效应和结构效应解释了经济增长和环境污染之间的关系,这三类效应共同决定了经济增长与环境污染之间倒"U"型曲线关系。Panayotou(1993)将经济增长(人均收入)与环境污染之间的关系命名为环境库兹涅茨曲线(EKC)[①]。该理论提出后引发了大量、持久的关于经济增长与环境污染之间实证关系的研究。研究成果较多,梳理国内外文献发现,关于 EKC 曲线的研究结论不尽相同,基本上形成了三类不同的观点。

---

① 有学者将排经济增长与碳排放排之间关系的曲线定义为碳库兹涅茨曲线(CKC),在 EKC 曲线实证验证研究中环境的衡量指标为环境污染物,二氧化碳即为其中一种,CKC 曲线为 EKC 曲线在碳排放研究中的应用。本文统一称为 EKC 曲线,对二者不做严格区分。

第一种观点是赞同 EKC 曲线，验证了 EKC 曲线的存在，即随着经济的发展，环境污染排放量呈先上升、后下降的倒"U"型特征。Selden 和 Song（1994）利用跨国家面板数据，分别研究了人均 GDP 与包含二氧化碳在内的四种污染气体的关系，研究表明人均 GDP 与四种污染气体的人均排放量间都存在倒"U"型曲线关系。Galeotti（2006）利用 1960—1998 年的数据对碳排放 EKC 曲线进行了稳健性检验，发现 OECD 国家的人均收入和人均二氧化碳排放量之间存在环境库兹涅茨曲线，并找到了合理的人均收入拐点。国内学者蔡风景、李元（2016）基于图模型方法，利用 1995—2008 年中国 29 省份数据验证了我国 EKC 曲线呈倒"U"型。林伯强、蒋竺均（2009）利用修正的 STIRPAT 模型，预测中国的二氧化碳库兹涅茨曲线的理论拐点对应的人均 GDP 是 37170 元。渠慎宁和郭朝先（2012）运用 STIRPAT 模型，对我国到达碳排放峰值进行了预测。

第二种观点认为经济发展与环境污染之间是线性关系，否认 EKC 曲线的存在性。Azomahou. T. 等（2005）利用 100 个国家 1960—1996 年数据，基于非参数模型，研究表明人均二氧化碳和人均 GDP 之间为线性关系，研究显示 EKC 假说不成立。胡宗义等（2013）采用非参数模型，研究 1979—2008 年环境库兹涅茨曲线，表明在我国不存在倒"U"型曲线关系。许广月和宋德勇（2010）研究了我国 EKC 曲线的存在性，发现人均碳排放 EKC 曲线在东部地区和中部地区存在，但该曲线在西部地区不存在。

第三种观点认为经济增长与环境污染之间存在不确定的多种形状。胡初枝等（2008）研究了中国 1990—2005 年经济规模和产业结构对碳排放的影响，结果表明，经济增长与碳排放之间呈现"N"型曲线关系。田超杰（2013）应用 STIRAP 模型研究得出河南省经济增长与碳排放之间的环境库兹涅茨曲线是不规则的"N"型曲线。王良举等（2011）运用 1960—2005 年 206 个国家和地区二氧化碳排放量和国民经济的面板数据，分组验证经济发展水平处于不同阶段样本的 EKC 曲线，表明环境污染物排放与经济发展之间的倒"U"型曲线关系尚不明显。

本书认为 EKC 研究结论不一致主要源于以下三方面：一是研究样本区域经济发展水平的差异，研究样本所处经济发展水平阶段对 EKC 曲线形状产生的重要影响。发达国家的 EKC 曲线呈倒"U"型，并且有发展成"N"型的可能性（M. Mazzanti 等，2006），而工业发展程度较低的国家 EKC 存在正线性关系。二是所选样本时间序列的长度的差异。EKC曲线表征的是特定经济体在较长的发展过程中经济发展与环境污染之间的关系，因此数据序列必须保证足够长度，能跨越整个工业化阶段，才能较为完整地反映两者的关系，否则会出现以部分代整体或以局部代全局的现象。三是实证方法和变量选择的异同。在模型选择上，有的文献实际上是主观假定环境污染与经济发展之间存在EKC关系，直接以二次曲线模型进行估计。在变量选择上，自变量的选取存在随意性，缺乏理论基础；以碳排放总量或人均碳排放量为因变量探讨环境污染与经济发展之间存在EKC关系。EKC理论所描绘的EKC曲线是以没有严格的环境规制、政府减排政策或产业调整政策等干预为条件，也就是说在实施节能减排、去产能调结构、经济转型升级背景下EKC曲线的形状可能会出现多样化。

（2）收敛理论

收敛原为数学概念，指数列或函数趋于某值或向某点靠近。收敛思想在经济增长中的应用可以追溯到Veblen（1915）对德国经济发展的思考，其认为德国作为工业革命后发国家可以取得比英国和美国更快的经济增长速度。Gerschenkron（1962）提出了"后发优势"理论，指工业化程度较低国家比工业化程度较高国家在工业化进程中更具有优势。Abramovitz（1986）提出了"追赶假说"，指落后国家在经济增长速度上更快，呈追赶先进国家的趋势。以上有关收敛的理论或思想从逻辑定性角度来分析经济收敛性，Solow（1956）从理论模型的角度定量分析了经济收敛性，从而使得经济收敛研究得到广泛的应用。新古典增长模型的经济收敛指若资本可以自由流动，在资本的边际报酬递减及资本的逐利本质驱动下，资本会流向利润较高的国家或区域，则经济落后国家或区域在资本带动下取得比经济发达国家或地区更高的增长速度，包含σ收敛、β收敛以及俱乐部收敛等收敛类型。Baumol（1986）利用1870—1978年16个已经实现工业化国家的人均收入数据，研究发现这些国家1870年之后经济增长收敛明显。Panano（1993）研究欧共体国家收入收敛性，发现这些国家自1970年后经济收敛现象不明显甚至有发散的趋势。Fleisher（1996）利用1978—1993年中国各省人均GDP数据研究发现我国各地区间存在条件收敛。国内学者对我国经济收敛的研究成果也较多。刘强（2001）分析表明1984—1998年中国经济不存在绝对收敛但存在东中西部俱乐部收敛。王铮、葛昭攀（2002）研究表明中国各省经济增长速度不存在绝对收敛，但存在条件收敛，三大区域具有显著的俱乐部收敛特征。林毅夫、刘培林（2003）研究表明既不存在绝对收敛也不存在条件收敛，但存在显著的三大区域俱乐部收敛。

关于经济收敛研究的文献基本结论是发达国家内部及发达国家之间基本存在经济增长收敛现象，而发展中国家内部和发展中国家与发达国家之间不存在收敛特征；中国整体上不存在经济增长的收敛现象，但三大区域俱乐部有收敛特征。

(3) 脱钩理论

环境库兹涅茨曲线（EKC）理论被认为是进行经济增长（一般以人均 GDP 表示）与环境污染（一般以某种特定的污染物表示）关系定量研究的理论方法之一。该理论认为两者呈现倒"U"型关系。具体而言，在经济增长初期，经济增长与环境污染呈正相关关系，这主要是由于在该阶段人们更加注重经济增长，更多地追求 GDP 增长速度而环保意识相对较弱；在经济增长到一定阶段（经济增长与环境污染关系达到拐点）后，两者呈现负相关关系，这主要是因为随着环境的不断恶化、人们环保意识的逐步增强以及节能减排技术的发展，人们在促进经济增长的同时开始关注环境污染的治理，力求在经济增长的同时保证环境污染的可控性，即经济增长与环境污染两者实现脱钩。随着气候变化问题日益凸显，EKC 理论被用来研究经济增长与碳排放关系（有学者称之为 CKC 理论，本书称之为碳排放 EKC 理论）。碳排放 EKC 理论和经济增长与碳排放脱钩理论是从不同的视角研究经济增长与污染物排放关系问题，本质上是一致的。虽然碳排放 EKC 理论能较好地描述经济增长与碳排放之间的曲线关系，但无法对两者所处阶段进行更为详细具体的划分和有效识别。脱钩（Decoupling）源自于物理学概念，表示两个或两个以上物理量之间的相互关系所呈现的不同变化趋势。经济合作与发展组织（OECD）首先引入该词用来描述切断环境污染与经济增长之间的密切关系。脱钩是一个过程，应该从时间序列角度进行动态研究。钟太洋等（2010）通过研究文献分析，认为经济增长与碳排放脱钩关系研究方法主要有三种：OECD 提出的脱钩指数法、Tapio 弹性分析法以及基于 IPAT 方程的脱钩评价方法。

为扭转经济增长与环境恶化之间的联系，OECD 引入脱钩概念。经济增长与碳排放脱钩定义为，在一定时期内，当环境压力（环境污染）增长率低于经济驱力（GDP）增长率时，则认为二者呈现脱钩状态。OECD 脱钩指数构建公式为：

$$DI = 1 - \frac{EP_t/DF_t}{EP_0/DF_0} \tag{1.1}$$

其中，DI（Decoupling Index）表示脱钩指数，EP（Environmental Presure）表示环境压力，一般用资源消耗或环境污染物增长率表示，DF（Driving Factors）表示经济增长，t和0分别表示报告期和基期。该指标优点在于，所需数据较少，形式简单直观，因此应用较为广泛（Wei等，2006；KovandaJ，HakT，2007；TachibanaJ等，2008）。不足之处在于，只能识别脱钩、未脱钩和弱脱钩三种状态关系。

Tapio（2005）在研究欧盟15国交通运输行业脱钩现象时，在OECD脱钩指数基础上，引入交通运输量为中间变量，提出了脱钩弹性系数方法。经济增长与二氧化碳排放脱钩弹性系数可表示为：

$$DI = \frac{\%\Delta CO_2}{\%\Delta GDP} \tag{1.2}$$

其中，DI表示经济增长与碳排放脱钩弹性系数，$\%\Delta CO_2$为一定时期内二氧化碳排放量变化率，$\%\Delta GDP$为一定时期内GDP总量的变化率。根据$\%\Delta CO_2$和$\%\Delta GDP$的正负符号和脱钩弹性系数的大小，相对于OECD脱钩指数而言，可以对脱钩状态进行更为详细的分类和有效的识别，因而得到了广泛的应用（TapioP等；赵一平等，2006；陈百明和杜红亮，2006，杨克等，2009）。根据公式（1.2）中两变量的符号和弹性系数大小可以分为脱钩、负脱钩、连接三种类型和相对脱钩、绝对脱钩、衰退脱钩、扩张负脱钩、强负脱钩、弱负脱钩、增长连结和衰退连结8种状态。

根据公式（1.1）和公式（1.2）可知，OECD脱钩指数和Tapio脱钩弹性系数都是根据两变量或因素变化率的角度度量两者的脱钩状态，即从资源消耗或环境污染物排放变化速度与经济增长速度之间关系的角度量化考量脱钩状态，描述经济增长与污染排放的变化速度，即"速度脱钩"，却忽视了二者的绝对变化量（夏勇，钟茂初，2016）。经济增长与碳排放（环境污染）脱钩的本质含义是指在碳排放量或污染物排放量保持不变或逐年减少的情况下，经济保持持续增长，比较的是两者绝对量的变化，即"数量脱钩"。"数量脱钩"的研究方法主要包括Kuznets曲线模型（PanayotoT，1993）、IPAT方程（诸大建，邱寿丰，2007）以及中国学者陆钟武依据IPAT方程推导出的IGT和IeGTX方程（陆钟武等，2007）。王金南等（2010）认为碳排放强度目标本质是碳排放总量控制目标，在控制碳排放强度期间，排放总量继续上升，因此控制的关键是排放新增量的控制，提出了碳排放强度承诺下二氧化碳排放总量控制。基于当前全球及中国在节能减排等环境问题上的巨大压力，随着技术进步与产业结构调整，评价经济增长能否真正同环境脱钩，应进行环境污染绝对数量比较：只有经济总量上升，而环境污染量持平或下降时，才可以认为出现脱钩状态。本书在借鉴陆钟武提出的 IGT 方程，利用碳排放强度变化率和 GDP 增长速度之间的函数关系式，探讨中国经济增长与碳排放的数量脱钩。

1.2.2 文献综述

(1) 碳排放测算研究

碳排放问题研究的基础在于相对准确地测算某一经济体在一定时期（通常为 1 年）由于化石能源燃烧、工农业生产过程等非自然现象（人为活动）而产生的二氧化碳排放量。碳排放按照排放来源可以分为化石能源燃烧碳排放、生产过程碳排放、交通碳排放、贸易隐含碳排放等。由于本书主要关注由于化石能源消费而导致的二氧化碳排放量的测算[①]、现状分析、收敛性及脱钩等问题，因此本部分只对化石能源消费所导致的碳排放量的相关文献进行综述。

从碳排放测算方向来分，碳排放测算大致可分自上而下法和自下而上法。从碳排放测算使用的方法来分，碳排放测算大致可分为系统测算法和非系统测算法。其中，系统测算法主要包括生命周期法、投入产出法和模型法；非系统测算法主要包括实测法、物料平衡法和排放因子法（齐绍洲，付坤，2013）。各种方法各有所长，互为补充，但各种方法测算的碳排放量有差异。自上而下测算方法体系主要是参考《2006 年 IPCC 国家温室气体清单指南》（下文简称 2006IPCC 指南）推荐的方法，在国内研究中还参考 2011 年《省级温室气体清单编制指南（试行）》（下文简称省级指南）。自下而上测算方法也称为碳足迹法，主要是针对某产品测算其生命周期过程中所排放的碳。自下而上测算方法主要适用于微观领域，针对某个产品或项目测算其整个过程的碳排放量，在国

---

① 由于各学科专业术语、使用习惯以及详细程度等差异，有关碳排放测算术语各文献有所差异，本文将碳排放估算、碳排放核算和碳排放测算不做严格区分。

际上应用较多的为清洁发展机制（CDM）。发达国家可以通过 CDM 为发展中国家提供资金和技术支持实施碳减排，从而达到"双赢"（陈红敏，2011）。可见自上而下测算方法体系主要是从宏观角度，对区域进行层层分解来测算碳排放量，具有广泛的适用性。自下而上测算方法体系主要是从微观角度对某个产品、项目等根据其生产、消费（使用）、以及淘汰回收整个生命周期过程进行碳排放测算，适用性相对较差。

①生命周期法（LCA，Life Circle Assessment）。生命周期法是从产品或事物的生产、消费或使用到消亡的整个过程来测算二氧化碳排放，测算范围包括各阶段、各种资源的消耗。LCA 方法通常根据产品或事物的活动环节进行分单位或过程测算二氧化碳排放量，应用一定的技术详细地测量生命周期内的能源消费量、原材料消耗量和生产活动过程中造成的污染物排放量，在建筑领域应用较多。但要对测算对象的环节和过程进行分解，测算工作量较大，技术要求较高。刘强等（2008）利用 LCA 方法对中国出口主要产品的碳排放进行测算，发现这些产品的二氧化碳排放量在全国二氧化碳排放总量中占比较高，验证了我国存在较为严重的碳泄漏现象。张智慧等（2010）基于 LCA 方法对建筑物二氧化碳排放的测算框架和测算方法进行了界定。张陶新等（2011）利用该方法构建了建筑物二氧化碳排放测算模型。可见，生命周期法主要适用于测算微观领域的产品或个体的碳排放，要求在各个环节记录其能源消费、原材料利用以及生命周期过程中的污染物排放，不适用于区域能源消费碳排放的测算。

②投入产出法（I-O，Input-Output）。投入产出法以世界银行或各国编制的投入产出表为依据，根据投入产出表计算产品的直接消耗系数及完全消耗系数，从而相对准确地测算二氧化碳的直接排放和间接排放。投入产出法主要用于研究碳排放在区域间的转移，测算隐含二氧化碳排放（Embodied Carbon Emission）。利用投入产出法对各行业的碳排放进行测算，具有系统性和针对性等优势，但由于中国投出产出表逢 2 年份和逢 7 年份进行编制且公布相对滞后，省域投出产出表差异较大，可比性相对较差，在空间尺度较小的区域碳排放测算中应用相对较少。Lenzen（1998）基于投出产出法研究了澳大利亚居民能源消费及温室气体排放情况，发现能源的隐含消费是碳排放的主要来源。刘红光等（2010）、孙建卫等（2010）利用区域间的投入产出表测算了中国各区域各行业的二氧化碳排放量，并提出了相应的区域碳减排建议。何艳秋

(2012）从行业角度，测算了各行业的二氧化碳排放系数，并测算了产品的直接和间接二氧化碳排放量。刘宇等（2015）利用投入产出法探讨了在不同考虑因素下对二氧化碳排放量测算的影响。另外，还有学者基于区域间投入产出表对中国区域碳排放转移进行测算（姚亮，刘晶茹，2010；赵慧卿，郝枫，2013；肖雁飞等，2014）。由于各省投出产出表可比性不强，利用投入产出表对于省域间碳排放测算的相对较少。赵慧卿（2013）根据李善同主编的2002年和2007年扩展型投入产出表，石敏俊和张卓颖（2012）运用中国科学院虚拟经济与数据科学研究中心编制的2002年扩展型投入产出表，分别研究了省域贸易碳排放转移问题。

③模型法。模型法主要根据Kaya恒等式或IPAT模型进行测算，具有较强的可操作性，主要用于碳排放影响因素方面的研究，但没有考虑人为活动数据在碳排放因子上的差异，其碳排放测算的准确性有待商榷。何建坤（2013）根据Kaya公式及其变化率对中国及一些发达国家的二氧化碳排放峰值进行了研究。李忠民和孙耀华（2011）基于IPAT方程，分析了1999—2008年中国省域碳排放情况。许广月和宋德勇（2010）利用LMDI方法估算中国1980—2007年碳排放量，认为该方法的关键在于确定各类能源消费的碳排放系数。宋德勇和刘习平（2013）采用LMDI因素分解公式对29省市区碳排放量进行估算。

④非系统方法。非系统方法进行碳排放测算较为常见，《2006年IPCC国家温室气体清单指南》和2011年《省级温室气体清单编制指南（试行）》中分别推荐了3种碳排放测算方法，分别称为实测法、物料平衡法和排放因子法。

实测法测算成本较高，主要用于企业等小尺度的碳排放测算，在省域尺度碳排放测算上可操作性和权威性不高。实测法对基础数据具有较高的精度要求，并且要求所采集的测算样本具有代表性（郝千婷等，2011）。物料平衡法是根据质量守恒原理，对生产过程中物质原料的投入和生产过程及产出后的物料变化情况进行定量分析的一种方法。排放因子法是指以统计平均值衡量的，在一定的生产技术水平、生产工艺和管理条件下，单位产品的生产所排放的气体数量，亦称为排放系数。由于排放因子假定各区域条件一定的情况下，以统计平均值衡量，因此实际上区域间碳排放系数存在较大差异。实际上是一种在宏观上的较为粗略的估算，适用于统计数据不详细的情况。曲建升等

(2010)、Geng 等（2011）应用碳排放因子法分别测算了中国各省二氧化碳的排放量。基于碳排放因子法，赵敏等（2009）对上海、刘春兰等（2010）对北京、张秀梅等（2010）对江苏、翟石艳等（2011）对广东的碳排放量分别进行了测算。但现有文献所测算的碳排放量差异较大，如丛建辉等（2014）、王小辉等（2015）分别测算了区域二氧化碳排放量，发现各种方法测算的二氧化碳排放的增长趋势基本一致，但不同能源活动水平数据的选取对二氧化碳排放量的测算有较大的影响，碳排放总量测算误差最大近 4 倍。

综合现有文献，理论上系统测算法具有更强的理论性和可操作性，但在区域能源消费碳排放测算中应用较少。具体而言，生命周期法不适合于宏观层面的区域能源消费碳排放测算；投入产出法尽管具有更强的系统性和科学性优势，但由于投入产出表发布的滞后性以及省域间的差异性，使得其在区域能源消费碳排放测算方面可操作性不强；模型法有较强的可操作性但无法体现能源类型的区域差异性，其测算结果的可信度不高。在实际应用上排放因子法更具可行性，且多参照 IPCC 测算框架。基于 2006IPCC 指南和省级指南方法学的一般测算框架为：选择方法、选择排放因子、选择能源活动数据。二氧化碳排放量的测算并非能源消费量与排放系数的简单相乘。研究者在测算时，在能源种类选取、碳排放系数的选择、能源活动水平数据处理等方面存在较大的自由度，因此现有文献所测算的能源消费碳排放量差异较大，缺乏可比性。要相对科学、准确地测算能源消费碳排放量仍有诸多问题值得探讨。本书将探讨基于 2006IPCC 指南和省级指南方法学为一般测算框架的能源消费碳排放测算中应注意的一些问题，具体包括能源消费类别的选取与整合、能源活动水平数据的比较与处理以及排放系数的选择等，具体见本书第 2 章。

（2）碳排放收敛性研究

在对碳排放进行测算的基础上，需进一步定量考察区域碳排放动态变化趋势，方法之一是研究碳排放收敛性。该方法是研究节能减排绩效和碳排放变化规律的重要方法。中国经济发展过程中，环境问题日益严重。国际上面临着较大的环境压力，国内面临着人民追求美好生活的需求与发展不平衡和不充分的主要矛盾。在经济发展与环境保护"两难抉择"的背景下，碳排放收敛性研究日益受到学者的关注。从收敛指标来看，碳排放收敛性研究包括碳排放总量收敛、碳排放强度收敛和人均碳排放收敛；从收敛类型来看，碳排放收敛可以分为碳排放 σ 收敛、碳排放绝对 β 收敛、碳排放条件 β 收敛和碳排放俱乐部收敛等几种类型。

国外对碳排放收敛的研究起步较早,大多基于人均碳排放指标研究碳排放的收敛性。Strazicich 等(2003)根据人均碳排放指标检验了工业化国家1960—1997 年的单位根,发现研究期内,这些工业化国家在人均碳排放方面存在条件收敛。而 Jobert 等(2010)基于人均碳排放指标,采用贝叶斯方法,研究欧洲 22 个国家 1971—2006 年碳排放收敛性,结果表明这些国家存在碳排放绝对 β 收敛。基于人均碳排放指标,Brock 和 Taylor(2010)基于修正的索洛模型,Aldy 等(2006)采用核密度估计法,Westerlund 等(2008)对同时包含发达国家和发展中国家的样本,Lee 和 Chang(2009)采用考虑结构突变和截面相关的面板模型,分别研究了碳排放的收敛性,均表明人均碳排放存在收敛。而 Stegman 等(2005)综合参数和非参数方法,结果均表明人均碳排放不存在收敛。Nguyen – Van(2005)研究了 100 个国家 1966—1996 年人均碳排放收敛性,发现存在俱乐部收敛,即碳排放量较低的国家收敛特征不明显,高碳排放国家呈现收敛。

从国外碳排放收敛性研究文献可以得出两个结论:一是西方碳排放收敛性研究主要采用了人均碳排放指标来研究碳排放的收敛性;二是研究结论基本一致即碳排放存在收敛性,尤其是在发达国家。

在国内,碳排放收敛性方面的文献近年逐渐增多。许广月(2010)研究发现 1995—2007 年中国人均碳排放不存在 β 绝对收敛,但存在 β 条件收敛和地区俱乐部收敛。高广阔等(2012)研究发现 1995—2009 年中国人均碳排放存在 σ 收敛和 β 收敛,但不存在地区收敛。刘华军等(2013)采用核密度分析法分析了中国 1995—2010 年碳排放的分布状况。张陶新(2013)研究发现世界碳排放强度和人均碳排放量都存在 17 阶段(年)的 σ 收敛和 β 绝对收敛。陈志建等(2015)研究发现 1995—2010 年低碳集聚地区人均碳排放存在空间俱乐部收敛,其他地区收敛趋势并不明显。许广月(2013)实证研究发现 1990—2008 中国碳排放强度存在高、中和低三个收敛俱乐部。胡宗义等(2015)研究发现省域碳排放强度整体并不存在收敛现象,但是内部存在收敛特征。佟昕(2017)研究发现中国整体上不存在 σ 收敛特征,但存在区域俱乐部绝对 β 收敛特征。

有的学者考虑到碳排放的空间相关性,引入空间面板模型研究碳排放的收敛性。孙耀华和仲伟周(2014)基于空间面板模型研究了 1998—2012 年中国省际碳排放强度的收敛性，研究表明省际碳排放强度呈现俱乐部收敛和条件 β 收敛特征。陈青青和龙志和（2011）采用空间经济计量方法研究发现中国 30 省份 1997—2007 年二氧化碳排放量的收敛性及影响因素，表明研究期内，省碳排放绝对 β 收敛不显著，而存在条件 β 收敛。张翠菊和覃明锋（2017）构建空间收敛模型考察了 1997—2013 年中国省域碳排放强度收敛性，研究表明中国碳排放强度存在显著的绝对 β 收敛、条件 β 收敛以及俱乐部收敛特征。林伯强等（2011）基于碳排放强度和人均碳排放指标，构建空间计量模型检验了中国 28 个省市 1991—2009 年的收敛性，结果表明两者均存在绝对收敛，在收敛速度上，碳排放强度快于人均碳排放。

从当前文献研究结论来看，我国碳排放收敛研究起步相对较晚，研究范式尚未形成，从而使得在研究中存在碳排放指标选取、研究方法、样本数据等多个方面差异，从而形成了多样的研究结论。文献梳理发现大致有三种结论：一是认为存在碳排放收敛。例如林伯强和黄光晓（2011）、张陶新（2013）。二是不支持二氧化碳排放收敛，例如杨骞和刘华军（2012）研究显示 1995—2009 年中国碳排放强度既不存在明显的 σ 收敛，也不存在绝对 β 收敛和条件 β 收敛，孙传旺等（2010）、魏梅等（2010）的研究也得到了相似的结论。刘华军和赵浩（2012）研究了 1995—2009 年中国碳排放强度的地区差距及其演变趋势，表明在研究期内碳排放强度呈发散趋势。三是由于所采用的检验方法或样本研究时期的不同而形成不同的收敛结论，例如许广月（2013）、陈青青和龙志和（2011）。

（3）碳排放脱钩研究

以资源和能源的投入为驱动的粗放型经济增长方式，使得经济增长的同时消耗了大量的化石燃料等资源能源，二氧化碳排放量快速上升。处理好经济增长和资源环境的关系一直是学术界关注的重点。

从经济增长与碳排放脱钩测度方法看，主要有 OECD 脱钩指数法、Tapio 弹性分析法和基于 IPAT 方程的脱钩评价方法。OECD（2002）最先提出脱钩概念，Tapio（2005）将弹性方法引入脱钩研究，进一步发展和完善了脱钩理论。Tapio 弹性分析法在 OECD 脱钩指数基础上引入了环境压力和经济驱动力两者的弹性，从而可以区分为八种脱钩状态，在实际应用中较为广泛。OECD 脱钩指数法和 Tapio 弹性分析法都是基于环境压力和驱动力增长速度比值的脱钩，刻画的是污染物排放变化率与经济增长率的相互关系，忽略了污染物变化和经济增长绝对量变化之间的关系。基于此，中国学者陆钟武依据 IPAT 方程推导出 IGT 和 IeGTX 方程，以刻画污染物排放与经济增长的绝对数量脱钩。

Juknys（2003）应用 OECD 脱钩指数，分析了研究期内立陶宛的经济增长与资源环境的脱钩情形，发现能源强度在大部分研究时间段处于增长状态，只是在近几年才处于弱脱钩状态。Wang 等（2013）运用 Tapio 脱钩指数对江苏省 1995—2009 经济增长与碳排放脱钩关系进行了研究，发现 2003—2005 年为复钩状态，1996—1997 年和 2001—2002 年为强脱钩状态，其他时期为弱脱钩状态。Ren 等（2014）分析了制造业二氧化碳排放脱钩影响因素，发现碳排放增长的主要驱动因素为经济产出，碳排放增长的抑制因素为能源强度。Zhang 和 Da（2015）在研究中国经济增长与碳排放脱钩关系中得到了与 Ren 等（2014）一致的结论。

方齐云和吴光豪（2016）采用 Tapio 脱钩理论分析了 1995—2013 年武汉市经济增长与碳排放的脱钩状态，发现大多年份呈相对脱钩关系，但自 2011 年开始二者的脱钩弹性值有上升的趋势，脱钩指数值上升主要归因于经济规模的扩大和工业占比的提高。邱强等（2017）基于 Tapio 脱钩模型估计了城市化与碳排放非线性脱钩效应，城市化与碳排放总量和人均碳排放量不存在脱钩现象，而城市化与碳排放强度则呈显著脱钩，城市化与碳排放呈现出倒"N"型的几何特征，在城市化率极小值和极大值的两个拐点之间，碳排放与城市化正相关，其他时期负相关。孙叶飞和周敏（2017）实证分析了中国 1996—2014 年期间的能源消费经济增长与碳排放脱钩关系，1996—2000 年中国能源消费经济增长与碳排放脱钩效果最理想，2000 年以后总体脱钩状态呈现出"M"型的波动特点。涂红星等（2014）基于 Tapio 脱钩弹性系数，研究中国工业经济增长与碳排放脱钩关系，发现 1995—2010 年间，两者脱钩关系呈现阶段性变化。仲伟周等（2012）研究结论为在 2000—2010 年间的大部分年份内，总脱钩指标位于 0 和 1 之间，处于弱脱钩状态。冯宗宪和陈志伟（2015）研究了 2001—2012 年中国各省能源消费经济增长与碳排放脱钩状态，发现大多数省份的能源碳排放与经济发展之间呈现弱脱钩的关系。公维凤等（2013）预测了各省碳排放、能源消耗与经济增长之间的脱钩状态。齐绍洲等（2015）运用 Tapio 脱钩模型预测中部六省碳排放峰值的到来时间，经济增长方式对区域碳排放量和碳排放强度的影响具有一致性。目前各省均已越过碳排放强度峰值，但远未越过碳排放峰值。孙耀华和李忠民（2011）测度了 1999—2008 年省域经济增长与碳排放脱钩关系，研究表明研究期内主要处于弱脱钩状态，主要原因在于经济增长速度大于碳排放增长速度。

胡渊等（2015）运用陆钟武的IGT模型分析了中国1990—2013年能源碳排放与GDP的关系，1997—1998年中国能源碳排放与GDP处于"绝对脱钩"状态，2003—2004年处于"未脱钩"状态，其他年份处于"相对脱钩"状态。吴振信和石佳（2014）等运用IGT模型研究了北京地区GDP与碳排放之间的关系，认为IGT模型的测量精度虽然不如Tapio高，但可以计算脱钩的临界条件，这有利于减排政策的制定。

总之，经济增长与碳排放脱钩研究文献大多采用Tapio脱钩模型，分析碳排放变化率与经济增长率之间的关系，并描述不同经济体在不同时期所处的脱钩状态类型。研究结论基本一致，即多数区域在大部分时期处于弱脱钩状态。但也存在几点不足：第一，多数文献研究中国或某区域时间序列经济增长与碳排放的脱钩，研究中国省域经济增长与碳排放脱钩的文献较少；第二，多数文献对经济增长与碳排放脱钩状态进行了测量，但未探讨影响脱钩状态的因素，有些文献探讨的是碳排放增长的影响因素而非脱钩的影响因素；第三，大多文献研究的是碳排放变化率与经济增长率之间的关系，实质为"速度脱钩"，即碳排放增长率小于经济增长率则认为达到了脱钩状态，而经济增长与碳排放脱钩本质上指的是碳排放绝对量相对于基期而言的减少。尽管少数文献基于IGT模型研究了经济增长与碳排放的绝对数量脱钩，但IGT模型只能将脱钩状态分为三种类型：绝对脱钩、相对脱钩和未脱钩，未能将脱钩状态进行更为详细的类型区分。

（4）文献评述

相对科学准确地测算碳排放量是进行有关碳减排和碳排放相关问题研究的基础，目前碳排放测算尚未形成统一的规范体系和方法。理论上，系统测算法具有更强的理论性和可操作性，在实际应用中，排放因子法更具可行性。国家或区域层面碳排放测算应采用自上而下法和非系统法中的排放因子法。排放因子法遵循2006IPCC指南和省级指南推荐的基本框架。该框架和方法中碳排放量的大小取决于能源消费种类、能源消费活动水平数据来源、能源的低位发热值、能源单位热值碳排放因子和能源的氧化率等5个因素。但在实际研究中，对于能源消费种类、能源消费活动水平数据来源、能源的低位发热值、能源单位热值，碳排放因子的选取具有较大的自由度，甚至有一定的随意性。这种

"自由裁量权"或在研究中的"相机抉择",可能导致对同一区域、同一年度碳排放测算结果产生明显差异。作为碳排放相关研究的"原材料",碳排放量测算结果与实际的偏离程度影响着碳排放相关研究的结论。因此,有必要探索一种以2006IPCC指南和省级指南为基本框架,经改进的、相对科学的碳排放测算方法,这也是本书实证分析的数据来源和基础。

国外碳排放收敛文献结论似乎较为一致。国内现有文献在收敛检验方法、碳排放指标选取、样本数据等多个方面存在较大差异,对二氧化碳收敛性的研究并未取得一致结论。收敛检验方法方面,多数文献未将空间效应纳入收敛模型,能源禀赋、技术水平、产业结构等必然会受邻近区域的影响,同时也会影响到其他区域,进而影响到碳排放量的溢出。碳排放指标选取方面,有些文献选取人均碳排放、碳排放总量、碳排放强度某一个或多个指标进行碳排放收敛性研究,其研究结论自然会有较大的差异,相对而言,碳排放强度指标较为科学。在碳排放数据来源方面,各文献碳排放量测算结果存在较大的差异性,从而影响到碳排放收敛研究的结论。因此,本书将以科学测算的碳排放量为基础"原材料",采用空间计量模型探讨中国区域碳排放强度的收敛性。

经济增长与碳排放脱钩研究文献大多采用Tapio脱钩模型,研究结论也基本一致,即多数区域和大多时间段中国碳排放和经济增长处于弱脱钩状态。但脱钩的本质含义在于碳排放量相对于基期而言实现了绝对量的下降而不是碳排放增长速度的相对下降。而多数文献探讨的是经济增长与碳排放的"速度脱钩"而不是"数量脱钩",探讨的是影响碳排放增长的影响因素而不是经济增长与碳排放脱钩的影响因素。因此,有必要探讨经济增长与碳排放绝对脱钩指标,并根据指标划分多种脱钩类型,以更好地区分中国各区域碳排放脱钩的状态以及其影响因素。鉴于现有文献基于"速度脱钩"的不足,本书从经济增长与碳排放"数量脱钩"的视角,基于改进的碳排放脱钩模型,分析中国区域经济增长与碳排放的脱钩状态。

对能源消费碳排放测算、碳排放收敛性以及经济增长与碳排放脱钩三方面的国内外文献的梳理,为本书的研究提供了较为坚实的理论基础和较大的借鉴意义,同时也为本书找到了有价值的研究空隙,即本书的研究方向。包含以下三方面。

第一,中国区域碳排放测算的必要性。碳排放测算目前还没有形成公认框架和方法体系,基本上是参照2006IPCC指南提供的方法1(排放因子法,为

IPCC参考方法）。但由于能源活动数据和碳排放因子选取自由度较大，现有文献对同一区域同一年份的碳排放量测算结果差异较大。当前，鲜见有关对碳排放不同测算方法的文献综述和比较分析。因此，本书对碳排放测算研究的相关文献进行梳理，分析碳排放测算结果差异的原因，探讨碳排放测算相对科学准确的方法，并测算中国各省（市区）碳排放情况，具有一定的研究价值。

第二，中国区域碳排放收敛性研究的必要性。在探讨相对科学、合理的碳排放测算框架和方法体系基础上，选取客观、一致的能源活动数据和碳排放因子对中国各省域较长时间序列的碳排放量进行测算。根据《中国统计年鉴》等统计数据分析区域人均碳排放量、单位GDP碳排放强度等指标的特征，并引入空间计量理论模型，探讨区域碳排放强度收敛性。

第三，中国碳排放脱钩现状及影响因素。中国的碳减排正从控制和降低单位GDP碳排放强度的"相对减排"，逐步过渡到控制碳排放总量的"绝对减排"，最终实现社会经济发展与碳排放脱钩。以测算的区域碳排放量为基础，在研究中国区域碳排放强度收敛性基础上，探讨中国经济增长与碳排放脱钩及其影响因素。

本书以能源消费碳排放的测算、收敛及脱钩为研究对象，三者之间的逻辑关系大致如下。能源消费碳排放测算为碳排放收敛和脱钩研究提供相对客观准确的基础数据来源，并为碳排放收敛及脱钩研究提供研究方法及指标选择的依据。能源消费碳排放收敛为碳减排研究的基本方法之一，将得到收敛或发散或趋势不显著的结论。若收敛，则意味着存在碳减排水平较低的区域向碳减排水平较高区域"追赶"的可能，各区域碳减排水平在一定时期内会趋于某一稳态，有利于对我国碳减排目标实现的研判和碳减排政策的制定；若发散，则意味着区域间碳减排水平趋于一致的条件尚未满足，各区域间碳减排水平差距存在进一步拉大的可能，最终的结果是中国各区域或整体上碳减排目标难以实现，有必要进一步研究经济增长与碳排放脱钩问题。区域经济增长方式和所处经济发展阶段差异，会引致不同区域碳排放强度水平差异，那么各区域在实现经济增长时，碳排放强度是随之同向或反向变化，及变化时的同比例和非同比例问题，均会导致GDP增长率和碳排放强度变化率之间呈现不同的动态关系。研究各区（省）域经济增长与碳排放当前的脱钩状态及变化趋势，为碳排放约束性指标的区域分配及碳减排因地施策提供支撑。

1.3 研究架构及研究方法

1.3.1 研究思路及主要内容

(1) 研究思路

基于国际碳减排形势、中国碳减排目标和中国经济转型升级的背景，本书对中国区域碳排放测算、收敛及脱钩进行研究。碳排放相关研究的首要任务是相对科学合理地测算区域能源消费碳排放量，为碳排放研究提供基础"原料"。在相对科学准确地测算区域能源消费碳排放量的基础上，应用统计性分析和探索性空间数据分析（ESDA）方法分析中国及区域碳排放量、人均碳排放量、碳排放强度等的现状、趋势和空间分布特征，为区域能源消费碳排放收敛性研究提供经验数据支撑。然后运用空间计量模型研究中国区域能源消费碳排放强度收敛性：若中国区域能源消费碳排放强度存在收敛，则分析我国碳减排目标实现的时间点和碳减排政策的制定；若为发散，则进一步分析中国区域经济增长与碳排放的脱钩及其影响因素。最后得出本书的研究结论，并提出相应的政策建议。本研究对中国实现经济增长与碳排放脱钩，实现在巴黎峰会上的承诺具有较大的理论和实践意义。鉴于当前学术领域对于区域碳排放测算差异原因的分析，国内对区域碳排放收敛研究结论莫衷一是。由于中国碳减排峰值目标的提出和碳排放脱钩理论的不足，本书对中国区域碳排放测算、收敛及脱钩问题进行研究。

本书大致尝试回答或解决以下几个问题。一是分析中国及省域碳排放测算研究现状及依据2006IPCC指南和省级指南框架，探讨相对科学、客观、准确的碳排放测算方法。二是需要明确中国省域碳排放差异及特征。三是应用空间计量理论和模型研究中国省域碳排放差异的变动趋势以及是否存在收敛性。四是各区域碳排放脱钩分别处于何种状态。以上四方面问题形成了本研究的基本框架。

本书的技术路线如图1-1所示。

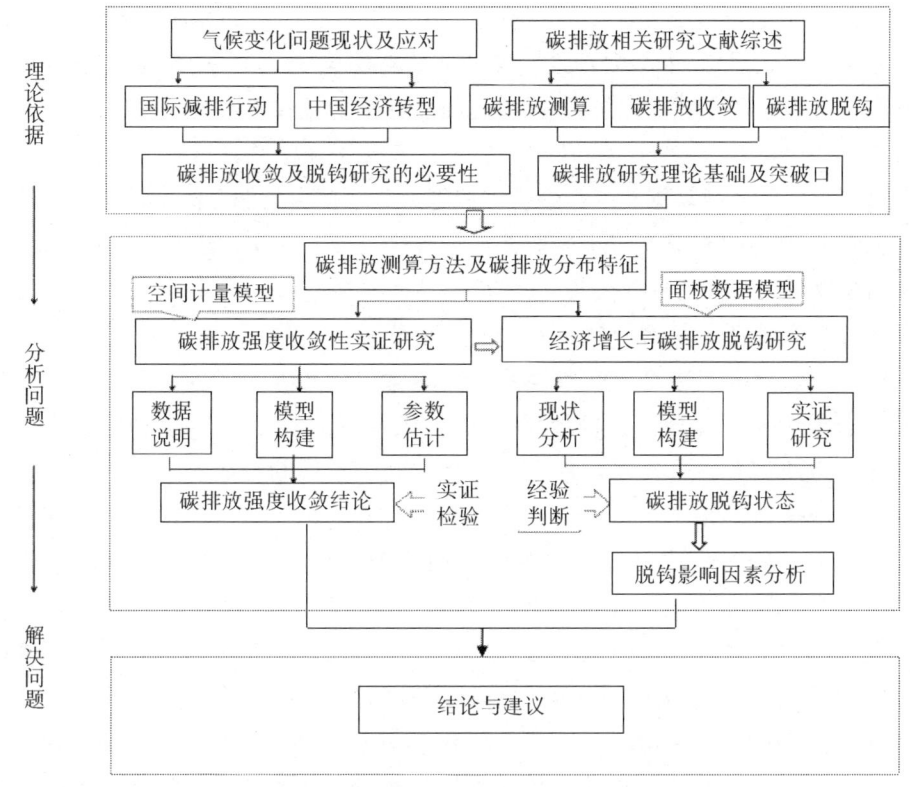

图1-1 技术线路图

（2）研究内容

根据研究思路，本书共分七章，对上述四个问题做具体的回答和阐述。具体内容做如下安排。

第1章绪论。首先，介绍了本书选题背景与研究意义，引出了以中国区域能源消费碳排放测算、收敛及脱钩为研究主题；其次，对经济增长与碳排放相关的理论进行回顾，对碳排放测算、碳排放收敛以及碳排放脱钩方面的文献进行综述，为本书提供理论基础和研究突破口；再次，介绍了本书研究的主要内容和研究方法、研究架构和技术路线图；最后，总结创新与不足之处。

第2章中国区域能源消费碳排放测算方法及比较。基于中国碳排放量统计数据的缺失，而相对科学地摸清中国能源消费碳排放量"家底"是进行碳排放相关研究和节能减排政策制定的基础。本章在分析总结现有文献在碳排放测算中存在的问题的基础上,以2006IPCC指南和省级清单为基本框架,尝试性地对能源消费碳排放测算方法进行改进,并对中国1991—2015年能源消费碳排放进行测算检验,验证了本书所改进的能源消费碳排放测算方法的合理性和可信性。

第3章中国区域碳排放统计分析。依据第2章提出的能源消费碳排放测算改进方法,测算了中国30个省市区能源消费碳排放量。首先,从全国、三大地区、省域三个空间尺度描述性地分析了1995—2015年碳排放量、人均碳排放和碳排放强度情况和特征;其次,运用ESDA方法分析了碳排放的空间相关性。

第4章中国区域碳排放收敛性研究。本章以标准差为指标,分析了碳排放强度σ收敛。主体部分为碳排放强度β收敛分析,构建了碳排放强度收敛模型并加入空间相关性,构建两种矩阵进行空间计量回归分析。

第5章中国区域经济增长与碳排放脱钩研究。第4章研究认为中国碳排放强度不存在β绝对收敛和β条件收敛,中国省域碳排放强度不会自动下降到统一的"稳态"水平或者是各自的"稳态"水平,而东部、西部和中部三大区域碳排放强度存在区域内部绝对趋同和条件趋同。本章从碳排放强度下降率和GDP增长率关系视角探讨区域碳排放和经济增长数量脱钩,推导出了在碳排放和经济增长实现脱钩时,碳排放强度下降率和GDP增长率之间的数量关系式,构建了经济增长与碳排放数量脱钩"可能性曲线";根据碳排放强度变化率和GDP增长率,尝试性地把数量脱钩划分为8种状态,并分析了区域碳排放脱钩及碳排放强度目标情况。

第6章经济发展与碳排放脱钩影响因素分析。第5章基于"数量脱钩"理论,探讨了1995—2015年30省市区及三大区域经济增长与碳排放脱钩状态及变化趋势等特征。分析了经济增长与碳排放脱钩状态"怎么样",而经济增长与碳排放脱钩状态的"为什么"是本章要探讨的对象。本章基于面板数据模型研究影响中国三大区域经济发展与碳排放脱钩影响因素,以及这些影响因素在不同区域影响强度和方向的差异,从而为因地施策进行减排路径分析提供理论支撑。

1.3.2　主要研究方法

本书主要使用了以下研究方法。

(1) 文献分析与比较分析方法

通过大量搜集和整理国内外有关碳排放测算、碳排放收敛和脱钩研究的已有文献，在吸收现有文献的研究成果为本书提供理论支撑的同时，辨析现有文献的不足之处，从而找到本书所要解决的问题与研究突破口，廓清研究思路。在分析与总结大量碳排放相关文献的基础上，对基于"能源平衡表（实物量）"的能源消费碳排放量测算方法进行改进。在对大量碳排放脱钩文献比较分析的基础上，从脱钩的本质出发，基于数量上的绝对脱钩视角，数理上推导二氧化碳排放强度变化率和GDP增长速度之间的函数关系式，并构建数量脱钩"可能性曲线"和碳排放强度弹性系数。本书是在借鉴大量现有文献与统计数据的基础上进一步研究所得。首先，查阅了大量的有关能源消费等方面的数据；其次，研读和比较了大量有关能源消费碳排放测算方面的文献，并指出其不足之处，提出了改进的能源消费碳排放测算方法；最后，根据改进测算方法测算了中国及区域能源消费碳排放量，并分析区域碳排放碳排放量的差异和演变趋势，从而为碳排放收敛性研究和脱钩研究提供基础数据和经验依据。

(2) 规范分析与实证研究

比较分析方法只能为碳排放收敛研究和碳排放脱钩研究提供经验数据分析，并不能把握碳排放收敛的内在本质规律。本书构建碳排放收敛空间计量模型和"数量脱钩"模型，实证分析了我国区域能源消费碳排放的收敛性和经济增长与碳排放脱钩状态；然后构建碳排放脱钩面板数据模型，规范分析了影响经济增长与碳排放脱钩的影响因素，揭示和量化各区域碳排放收敛规律和收敛速度以及碳排放脱钩的影响因素。

(3) 空间计量经济分析方法

经典计量方法未考虑空间因素的影响，在现实测算中可能会出现偏误。在实证分析中，构建两种空间权重矩阵，运用空间经济计量中的空间面板滞后模型（SLM）、空间面板误差模型（SEM），检验了碳排放强度的收敛性。在实证研究过程运用Geoda095i、MatlabR2014a、EViews10等计量软件。

1.4 主要创新与不足

1.4.1 创新之处

本书探究中国区域能源消费碳排放收敛及脱钩问题，总结如下几点可能的创新之处。

（1）对能源消费碳排放测算方法进行了改进，保证了本书碳排放数据来源的可靠性

基于中国碳排放量统计数据的缺失，而相对科学地摸清中国能源消费碳排放量"家底"是进行碳排放相关研究和节能减排政策制定的基础。在分析总结现有文献在碳排放测算中存在问题的基础上，基于2006IPCC指南和省级指南推荐的排放因子法，本书指出了能源活动水平数据、能源类别选择和能源单位热值排放因子等方面存在的问题，并提出了相应的改进方法。

首先，能源数据来源上，以《中国能源统计年鉴》中"能源平衡表（实物量）"为数据来源，正确解读分析能源平衡表是进行碳排放测算的前提。因为能源平衡表中有能源加工转换子矩阵，能剥离出能源二次加工转换过程中的损失量以及二次能源是由哪些类型能源加工转换而来，可以提高能源碳排放测算结果的精度。能源活动水平数据方面，应以"能源平衡表（实物量）"中的终端消费量为基础，加上损失量、加工转换损失量，再减去用作原材料的能源。在能源类别选择方面，提出了数据选择的全面性、一致可比性和便利性原则，在不重复计算的情况下，应尽量纳入能源类型进行测算，并依据2006IPCC指南和中国省级指南以及中国能源平衡表的变化对能源类别进行调整归并。其中，热力和电力能源类别对碳排放测算结果有较大影响。一是热力和电力能源是生产和生活领域终端消费的主要能源，所占比重较大。二是热力和电力能源包括了一次能源和二次能源。如果为一次能源，由于消费中碳排放量极小，在测算中忽略不计；若为二次能源，则应追溯到其加工转换而来的能源类别进行碳排放测算。具体方法是在能源加工转换子矩阵中取热力和电力两

项中各类能源的投入量（表中以负值表示），测算这些能源的碳排放量除以能源加工转换损失率，理论上可得热力和电力能源消费碳排放。在能源单位热值碳排放因子选择上，以省级指南为主，并参考2006IPCC指南提供的缺省值。应用本书改进方法测算的中国1991—2015年能源消费碳排放量与国际机构发布数据进行比较，验证了本书改进方法具有一定的合理性和可信性。

（2）从绝对数量脱钩的视角探讨了经济增长与碳排放脱钩，并构建了绝对数量脱钩模型

从碳排放强度下降率和GDP增长率关系视角探讨区域碳排放和经济增长数量脱钩，推导出了在碳排放和经济增长实现脱钩时，碳排放强度下降率和GDP增长率之间的数量关系式，构建了经济增长与碳排放数量脱钩"可能性曲线"，尝试性地把数量脱钩划分为8种状态。基于碳排放强度系数基础上的数量脱钩具有以下几方面的优势。其一，数量脱钩以绝对脱钩为标准，以碳排放量和GDP总量来评价经济增长同污染物排放的脱钩关系。相比"速度脱钩"，"数量脱钩"更容易判断经济增长与污染排放两者所处阶段，即"两难境地"或"双赢区间"。其二，数量脱钩既能相对于基期的情况研究报告期的脱钩状态，观察从基期到报告期脱钩的持续变化，也可以不参考基期，通过比较各年的碳排放强度变化率和GDP增长率之间的关系评价脱钩状态，观察各年份之间的差别，能反映较长时期内有关技术或政策对脱钩趋势的影响，利于分析政策实施前后的脱钩变化情况。其三，数量脱钩构建了碳排放强度变化率与GDP增长率之间的数量函数关系，可以得到脱钩与未脱钩的临界值。另外，在保证一定的GDP增长速度并要求实现经济增长与碳排放实现脱钩，即碳排放峰值拐点的情况下，可以测算出最低的碳排放强度下降速率和可能的脱钩路径。

（3）构建了两种空间权重矩阵，运用两种空间计量模型研究了碳排放强度的收敛性并得到有意义的结论

构建了两种空间权重矩阵（Queen型1阶空间权重矩阵和空间—煤炭空间权重矩阵），运用两种空间计量模型（空间滞后模型和空间误差模型）研究了碳排放强度收敛性。研究结论之一为中国省域碳排放强度不存在β绝对收敛和β条件收敛，表明中国省域碳排放强度不会自动下降到统一的"稳态"水平或者是各自的"稳态"水平，这与杨骞和刘华军（2012）、孙传旺等（2010）和魏梅等（2010）的研究结论相似。研究结论之二为东部、中部和西

部三大地区存在碳排放强度β绝对和条件β收敛收敛,三大地区碳排放强度β条件收敛速度均大于β绝对收敛速度,即三大区域向各自的稳态水平趋同速度大于向统一稳态水平趋同速度,与孙耀华和仲伟周(2014)研究结论较为一致。研究结论之三为三大区域碳排放强度在收敛速度、各因素对收敛的影响方向和强度以及空间相互作用等方面存在较大的差异。

1.4.2 不足之处

由于笔者学术水平有限和研究时间限制,本书存在诸多不足的方面,主要归纳为以下几点。

(1)碳排放绝对数量脱钩模型有待完善。比如指数化脱钩表征不够细致,脱钩状态的测量精度和类型划分不够精细,对未脱钩状态分类不够细等。

(2)本书只测算了能源活动碳排放而未包括工业生产过程、农业、土地利用变化和林业、废弃物处理等方面的碳排放。

(3)碳排放脱钩的影响因素变量考虑可能不够全面,且政策建议比较宏观,有待于进一步完善。

2

中国区域碳排放测算方法及比较

气候问题是人类共同面临的最为棘手的世界性难题。IPCC 第五次评估报告指出全球变暖受到人类活动影响的可能性"极高",主要源于人类活动和使用化石碳基能源而排放的温室气体。为应对气候问题,国际组织和机构进行了大量的工作,相关研究成果大量涌现。有关低碳经济和节能减排等方面的文献也大量出现并取得了较为丰硕成果。在研究关注面上主要是碳排放影响因素、行业碳排放结构、低碳经济和碳减排对策等。由于中国没有公布全国、各省(市区)等尺度的区域碳排放数据,在国家层面碳排放数据主要进行较为粗略的测算或参考国际能源署(IEA)、美国橡树岭国家实验室二氧化碳分析中心(CDIAC)、全球排放数据库(EDGAR)、世界银行和美国能源情报署(EIA)等国际机构发布的数据。中国省级及以下层面的碳排放数据和分行业碳排放数据只能根据公布的能源消费量等数据进行测算。由此导致以下问题:一是国家层面碳排放研究较多而省级及以下层面研究偏少,然而准确地把握各区域碳排放状况和特征是进行碳减排政策制定和分解的基础,正所谓"无法量化即无法管理";二是由于各文献在研究方法、能源活动数据来源和碳排放系数选取等具有较大的自由度,这种在实际研究中过大的"自由裁量权"或"相机抉择"可能使碳排放测算结果产生明显差异,从而影响碳排放相关研究的结论和碳减排政策的制定;三是碳排放权已然成为一种战略资源,更是一种发展权,中国对碳排放"家底"认识不清导致中国在国际上碳排放话语权相对缺失。

科学地测算中国区域能源消费碳排放量是进行碳排放相关研究和碳减排政策制定的基础。本章基于碳排放测算现状，基于2006IPCC指南和省级指南所推荐的基本框架和方法，首先，探讨了碳排放因子法在能源消费碳排放测算中可能存在的缺陷；其次，研究该方法在能源活动水平数据、能源消费类别和能源单位热值碳排放因子选取等方面存在的问题，并提出改进方案，力求取得突破，以更加客观准确地测算中国区域能源消费碳排放量；最后，根据提出的改进方案实证测算了中国1991—2015年能源消费碳排放量，并与国际机构公布的中国碳排放量进行比较，以验证本书测算方法的可行性。

2.1　方法选择：排放因子法

从碳排放测算方法比较来看，目前碳排放测算实证研究已形成以IPCC为主导、各方积极参与的局面（刘明达等，2014）。IPCC提出的排放清单与测算方法在各空间单元尺度开展实践，存在尺度关注不均衡、中观尺度研究较少、数据获取有外部限制等问题。

根据《中国能源统计年鉴》中的能源平衡表数据，在国家层面（彭佳雯等，2011；张腾飞等，2016）、省级层面（杜官印等，2010；孙焱林等，2016）和城市层面（刘竹等，2011；）对区域碳排放进行测算。文献大多采用能源活动清单与能源碳排放系数乘积的基本框架测算二氧化碳排放量。该方法以能源消费统计资料为基础，根据《中国能源统计年鉴》等资料公布的能源消费量以及2006IPCC指南、省级指南或研究者发布的二氧化碳排放系数进行二氧化碳排放量测算。这一方法具有数据选取灵活，可以根据具体的研究问题和研究目的选取适合的数据进行测算的优势，因此这一方法应用相对较多，适合于宏观层面的碳排放测算。但该方法也存在不足，一是数据来源不唯一性，二是选择的自由度过大，三是碳排放系数存在区域差异性，从而使得对同一区域、相同时段的碳排放测算结果出现较大偏差，缺乏可比性。测算方法、数据来源、能源种类和碳排放系数选取等差异，使得各研究测算的中国和各省域碳排放数据出入较大，从而影响有关碳排放研究结论的可信度和碳减排政策措施的可操作性。

表 2-1　　　　　　　　不同文献二氧化碳测算值差异比较

测算区域	碳排放量（万吨）	文献（测算年份）
上海	165.16	曲建升等（2006）
	8895.50	李国志等（2007）
北京	92.78	曲建升等（2006）
	6125.29	李国志等（2007）
江苏	407.37	曲建升等（2006）
	22320.41	李国志等（2007）
山东	589.03	曲建升等（2006）
	29725.77	李国志等（2007）
江西	93.73	曲建升等（2006）
	4901.60	李国志等（2007）
贵州	157.64	曲建升等（2006）
	7963.11	李国志等（2007）

注：根据曲建升等（2006）和李国志等（2007）文献整理而得。

在表 2-1 中，两篇文献测算的是不同年份省域二氧化碳排放量，测算年份仅相差 1 年，而两篇文献所测算的能源消费碳排放量差距甚大。仔细梳理两篇文献，不难发现差异的原因。一是在能源活动数据方面，曲建升一文（简称曲文）采用化石燃料当年的表观消费量，即为能源平衡表中"可供本地区消费的能源"数据，并且剔除非燃料使用的化石燃料的固碳量，而李国志一文（2010）（简称李文）采用的是"消费量合计"数据。二是在能源种类选择上，曲文选取了 15 种化石能源种类进行研究，李文选取了 9 类化石能源，包含电力碳排放进行研究。三是在碳排放系数方面，曲文采用 2006IPCC 指南公布的各种能源的碳排放系数、化石燃料的热量转化系数、碳排放因子、燃料的碳氧化系数的乘积构成碳排放系数，李文采用标准煤转换系数来源于《中国能源统计年鉴》公布的值与徐国泉研究得出的二氧化碳排放系数的乘积作为碳排放系数，两者所采用的碳排放系数差异较大。如曲文最终碳排放系数为 0.457 吨碳/吨标煤，李文为 0.534 吨碳/吨标煤，前者为后者的 85% 左右。碳排放测算目前没有一套国际公认的碳排放计算方法体系，鲜见有关对碳排放不同测算方法的文献综述和比较分析。国内外针对碳排放量的研究很多，但不同研究对于中国碳排放量的估计差异很大。崔琦等（2016）研究发现差异原因是由于所采用的计算方法、数据来源、碳排放来源分类和能源排放系数等方面的不同。但崔琦等没有研究如何降低碳排放计算的不确定性,即相对客观、准确的能源消费碳排放测算的改进方法。根据当前研究现状,本书以2006IPCC指南和省级指南推荐的二氧化碳测算的参考方法即排放因子法为基本框架,探讨能源消费碳排放测算方法。排放因子法计算公式为:

$$EC = \sum_{i=1}^{n} CO_2 = \sum_{i=1}^{n} (E_i \times V_i \times F_i \times O_i) \times 44/12 \qquad (2.1)$$

式(2.1)中EC为能源消费二氧化碳排放量(t),i为能源消费类型,E_i为第i种能源消费量(t),V_i为第i种能源的低位发热值(Carbon Calorific Values)(10^{12} J/t),F_i为第i种能源单位热值碳排放因子(Carbon Emission Factors)(t碳/10^{12} J),O_i为第i种能源的氧化率(Carbon Oxidation Factors)(%),44/12为碳与二氧化碳转换系数。因此,能源消费二氧化碳排放量测算值大小和不确定性主要来源于能源消费种类n的选取、能源消费活动水平数据来源、能源的低位发热值、能源单位热值碳排放因子和能源的氧化率等5个因素。

在对碳排放测算研究的相关文献进行梳理的基础上,选择以2006IPCC指南和省级碳排放清单为基本框架,从能源活动水平数据、能源消费种类选取、能源单位热值碳排放因子等三个方面①,探讨能源消费碳排放测算中排放因子法的具体测算方法,并运用该具体方法测算中国及其30省市区碳排放情况。

2.2 能源活动水平数据

2.1.1 温室气体人为排放源

2006IPCC指南中温室气体的人为排放源分为能源、工业过程和产品用途、农业林业和其他土地利用、废弃物等4大部门;中国2011年编制省级指南根

---

① 能源的低位发热值和能源的氧化率两个因子数据分别取自《中国能源统计年鉴》和国家发改委发布的2011《省级温室气体清单编制指南(试行)》,现有文献中基本取得一致,本书不做专门论述。

据中国农村生物质燃料燃烧现象较多以及农业活动在国民经济所占比重等具体国情，把省级碳排放清单分为5大部门：能源活动、工业生产过程、农业、土地利用变化和林业、废弃物处理①。二氧化碳为最主要的温室气体，占温室气体排放总量的90%以上（孙建卫等，2010），且是一种惰性气体，在空气中不易氧化，对气候变化的影响起主导作用。在2006IPCC指南和省级指南中划分的几大类人为温室气体排放源中，排放二氧化碳的人为活动包括：化石燃料燃烧，水泥、石灰、钢铁等工业生产过程，土地利用变化与林业、废弃物处理等（其他为甲烷等非二氧化碳温室气体排放源）。根据中国省级指南，二氧化碳排放源见表2-2。

表2-2　　　　　　　　　二氧化碳排放清单汇总表

排放源	亚排放源	单项排放源
能源相关	能源生产	煤炭、石油、天然气开采
	能源加工转换	炼油、炼焦、煤制气、煤炭洗选、发电等
	能源消费	农业、工业和建筑、交通运输、服务业、居民生活
工业生产过程	水泥生产过程	
	石灰生产过程	
	钢铁生产过程	
	电石生产过程	
土地利用变化与林业	森林和其他木质生物质碳储量变化	
	森林转化碳排放	燃烧排放、分解排放
废弃物处理	固体废弃物	
国际燃料舱	国际航空	
	国际航海	

资料来源：根据2011《省级温室气体清单编制指南（试行）》整理而得。

---

① 1996IPCC指南将排放源分为6大部门：能源、工业工程、溶剂和其他产品应用、土地利用变化和林业、农业、废弃物；2006IPCC指南将碳源合并调整为4大部门，将"工业过程"与"溶剂和其他产品应用"合并为"工业过程和产品用途"，将"土地利用变化和林地"与"农业"合并为"农业林业和其他土地利用"；原因在于碳排放源是一个完整的，涉及工农业生产、日常生活和自然生态系统各个过程的巨系统，内部有十分复杂的联系，因此将较为独立的部门进行合并与划分，有利于更全面地理解和核算。

2.2.2 能源活动水平数据

用于测算区域能源消费二氧化碳排放量的基础数据来源大致为"分地区分品种能源消费量""分行业能源消费总量"和"能源平衡表"。相对于"分地区分品种能源消费量""分行业能源消费总量"两组数据,基于"能源平衡表"测算的能源消费碳排放具有其自身的优势:一是能够考虑能源加工转换过程的能源消费,二是可以避免供热与火力发电部分重复计算,是目前测算能源消费碳排放最为常用的数据之一(孙振清等,2010)。因此,本书能源活动水平数据选自于《中国能源统计年鉴》中的"能源平衡表(实物量)"。能源平衡表(见表2-3)以矩阵表格的形式,反映能源之间的关系,将各种能源的供应、加工转换和终端消费等各种数据汇总记入若干张表格的"行",直观地描述报告期内全国或地区各种能源的供应与需求和它们之间的加工转换关系,以及资源供应结构和消费需求结构。因此,如何选取能源活动水平数据即公式(2.1)中的E,必须先理清能源平衡表中横向各类数据间的关系。

从横向来看,行各项表示能源的流向,包括能源资源的形式和使用的方向,能源平衡表中横向包括三个能源平衡子表和六类数据。首先,存在资源和使用平衡、能源加工转换平衡和能源终端消费平衡三个最基本的能源平衡子表。其次,包含六大类数据,分别是可供本地区消费的能源量、加工转换投入产出量、损失量、终端消费量、平衡差额和消费量合计等。其中又包含四种平衡关系:一是能源资源和使用平衡,包括资源和使用两大部分,揭示了能源的收支总体平衡,可以推导出可供本地区消费的能源量;二是能源加工转换平衡,体现了二次能源生产过程中能源投入和产出之间的平衡,可以推导出各种能源的投入量、产出量和能源加工转换损失量三个指标;三是终端能源消费平衡,指生产和生活中最终消费能源量的平衡关系,可以推导出各个部门(三次产业部门、生产和消费部门)各类能源消费量;四是能源平衡表总体平衡。除以上三个平衡子矩阵之外还有"损失量"和"平衡差额"两项构成了总体平衡。平衡关系为:

$$可供本地区消费的能源量 = 损失量 + 终端消费量 + 平衡差额 - 加工转换损失量 \qquad (2.2)$$

表 2-3　　　　　　　　　地区能源平衡表（实物量）

项目	代码	煤炭合计	原煤	洗精煤	其他洗煤	型煤	煤矸石	焦炭	焦炉煤气	高炉煤气	转炉煤气	其他煤气	其他焦化产品	油品合计	原油	汽油	煤油
甲	乙	01	02	03	04	05	06	07	08	09	10	11	12	13	14	15	16
一、可供本地区消费的能源量	01																
1. 一次能源生产量	02																
2. 外省（区、市）调入量	03																
3. 进口量	04																
4. 境内轮船和飞机在境外加油量	05																
5. 本省（区、市）调出量（-）	06																
6. 出口量（-）	07																
7. 境外轮船和飞机在境内加油量	08																
8. 库存增（-）、减量（+）	09																
二、加工转换投入（-）产出（+）	10																
1. 火力发电	11																
2. 供热	12																
3. 洗选煤	13																
4. 炼焦	14																
5. 炼油及煤制品	15																
#油品再投入量（-）	16																
6. 制气	17																
#焦炭再投入（-）	18																
7. 天然气液化	19																
8. 煤制品加工	20																
9. 回收能	21																
三、损失量	22																
四、终端消费量	23																
1. 农、林、牧、渔、水利业	24																
2. 工业	25																
#用作原材料	26																
3. 建筑业	27																
4. 交通运输、仓储和邮政业	28																
5. 批发、零售业和住宿、餐饮业	29																
6. 其他	30																
7. 生活消费	31																
城镇	32																
农村	33																
五、平衡差额	34																
六、消费量合计	35																

续表

项目	代码	柴油	燃料油	石脑油	润滑油	石蜡	溶剂油	石油沥青	石油焦	液化石油气	炼厂干气	其他石油制品	天然气	液化天然气	热力	电力	其他能源
甲	乙	17	18	19	20	21	22	23	24	25	26	27	28	29	30	31	32
一、可供本地区消费的能源量	01																
1. 一次能源生产量	02																
2. 外省（区、市）调入量	03																
3. 进口量	04																
4. 境内轮船和飞机在境外加油量	05																
5. 本省（区、市）调出量（-）	06																
6. 出口量（-）	07																
7. 境外轮船和飞机在境内加油量	08																
8. 库存增（-）、减量（+）	09																
二、加工转换投入（-）产出（+）	10																
1. 火力发电	11																
2. 供热	12																
3. 洗选煤	13																
4. 炼焦	14																
5. 炼油及煤制品	15																
#油品再投入量（-）	16																
6. 制气	17																
#焦炭再投入（-）	18																
7. 天然气液化	19																
8. 煤制品加工	20																
9. 回收能	21																
三、损失量	22																
四、终端消费量	23																
1. 农、林、牧、渔、水利业	24																
2. 工业	25																
#用作原材料	26																
3. 建筑业	27																
4. 交通运输、仓储和邮政业	28																
5. 批发、零售业和住宿、餐饮业	29																
6. 其他	30																
7. 生活消费	31																
城镇	32																
农村	33																
五、平衡差额	34																
六、消费量合计	35																

注：根据2015年地区能源平衡表（实物量）整理而得。

需要指出的是能源平衡表不是为碳排放测算而设计的，碳排放测算时应根据能源的用途和利用方式选择不同的计算原则，能源消费的部门分类与碳排放特征分类存在不一致性，因此在进行能源消费碳排放测算时要具体分析（赵敏等，2012）。由于存在能源进出口、省内调进调出、库存等原因，"可供本地区消费的能源量"并不能直接用于作为能源消费碳排放测算的能源活动水平数据，可供消费并不等于在本地区实际消费量。本地区能源实际消费量为：

地区能源实际消费量 = 终端消费量 + 加工转换损失量 + 损失量　　(2.3)

"终端消费量"中有部分能源用作原材料而没有发生能源燃烧，只是改变了能源的形态，在能源消费过程中碳固化到其他产品中而没有释放。因此，纳入能源消费碳排放测算中的能源消费量为：

碳排放测算能源消费量 = 终端消费量 + 加工转换损失量 + 损失量 − 用作原材料能源　　(2.4)

首先理论上分析依据三种能源活动水平数据测算碳排放量的结果。第一，"可供本地区消费的能源"数据中各子项燃料消费数据是由能源生产、进口量和出口量等数据加总得出，能源存在进出口、区域调入调出现象，在能源消费量统计中难以判定区域能源是被用于燃烧产生能量还是用作原材料转移到了其他产品中。根据能源消费二氧化碳的产生机理，只有燃烧了的能源才能用于测算能源消费二氧化碳。另外，"可供本地区消费的能源"中本地区生产的能源量只包括一次能源，而能源进出口量、区域调入和调出量中包括了一次能源和二次能源，出口和调出的二次能源由一次能源加工转化而得，能源加工转换损失量则被计算在能源生产地。因此，对于能源资源丰富区域而言，碳排放测算存在一定的高估情况。第二，"终端消费量"数据符合能源消费端碳排放测算要求，思路清晰，但"终端消费量"数据不包含"加工转换损失量"和"损失量"，也没有去除"用作原材料"的能源，因此无法精确地反映区域能源消费碳排放情况，理论上存在低估的情况。第三，"消费量合计"① 数据在能源平衡表中反映了地区各种形态的能源消费情况，如投入煤炭一次能源进行能源加工转换产生热力和电力，产生的这部分二次能源包含在能源终端消费量中，即加工转换而得的二次能源在"消费量合计"中存在重复统计。因此依据"消费量合计"数据进行能源消费碳排放测算会存在严重的高估情况。

---

① 消费量合计 = 该品种能源加工转换投入量绝对值 + 该品种能源损失量 + 该品种能源终端消费量。

现有文献在进行能源消费碳排放量测算时，对能源活动水平数据的选取存在一定的随意性，致使能源消费碳排放量测算结果差异较大。刘竹等（2011）、丛建辉等（2014）采用相同的碳排放系数，使用相同的框架方法，但采用《中国能源统计年鉴》中不同的能源统计数据（"可供本地区消费的能源"数据、"终端消费量"数据、"消费量合计"数据）分别测算了北京市和河南省济源市的二氧化碳排放量，结果差异较大，具体见表2-4。采用"消费量合计"数据测算的能源消费碳排放量最大，采用"可供本地区消费的能源"数据测算的能源消费碳排放量次之，采用"终端消费量"数据测算得到的碳排放量最小。根据三种能源活动水平数据测算的北京市能源消费二氧化碳排放量差异较小，这主要是由于北京是一个能源输入地且能源二次加工业较少，因而采用"终端能源消费量"与另外两种能源活动水平数据所测算的碳排放量较接近。河南省济源市是能源、化工基地，一次能源和二次能源调出较多，因此依据三种能源活动水平数据测算的碳排放量差异很大。可见，采用不同的能源活动水平进行能源消费二氧化碳排放测算会对测算结果产生较大的影响，如采用"消费量合计"能源活动水平数据测算的济源能源消费碳排放量是采用"终端消费量"能源活动水平数据测算的2.47倍。而采用三种能源活动水平数据测算的北京碳排放量差异相对较小，说明采用不同的能源活动水平数据所测算的二氧化碳排放量之间的差距会因各区域能源结构和产业结构等的差异而不同。

一般情况下，以"消费量合计"为能源活动水平数据来源所测算的二氧化碳排放量会产生严重的高估，因为能源活动水平数据存在一次能源和二次能源的重复计算；以"可供本地区消费的能源"为能源活动水平数据来源所测算的二氧化碳排放量对于能源出口或调出区域而言存在较大的高估，对于能源进口或调入区域而言与实际碳排放量差异不大；以"终端消费量"为能源活动水平数据来源所测算的二氧化碳排放量会有一定的低估。

综上所述，能源活动水平数据的来源、同一数据来源中不同的基础数据都会对能源消费碳排放测算的准确性产生重要的影响。本书认为依据生产者责任原则，能源活动水平数据的选取应遵循本地消费、完全燃烧、一次计量等原则，并确立流水线式的选择流程，以减少碳排放测算者的主观选择范围和"自由裁量权"空间。以式（2.4）为能源活动水平数据能相对客观准确地反映能源消费二氧化碳排放量。

表 2-4　　　　不同能源活动水平数据对碳排放测算的影响

文献	测算区域	能源活动水平数据	碳排放量（万吨）
刘竹等	北京（2008）	可供本地区消费的能源	9287.01
		终端消费量	8536.25
		消费量合计	9357.18
丛建辉等	济源（2010）	可供本地区消费的能源	2031.00
		终端消费量	1261.61
		消费量合计	3116.71

资料来源：根据刘竹等和丛建辉等的两篇文献整理而得。

2.3　能源类别的选取

在能源消费碳排放测算中，除了能源活动水平数据外，能源类别的选取也是影响碳排放量的重要因素。能源有一次能源和二次能源，可再生能源和不可再生能源之分。化石能源（亦称化石燃料）为不可再生能源，包括一次能源和二次能源。一次能源指从自然界取得的未经任何改变或转换的能源，包括原煤、原油、天然气、水能、太阳能等。二次能源指原煤、原油、天然气等一次能源经过加工或转换得到的能源，包括焦炭、洗精煤、煤制品、焦炉煤气、汽油、煤油、柴油、燃料油、液化石油气、炼厂干气等。进行能源消费碳排放测算的前提是进行能源类别选取。但现有文献在选取哪些能源类别进行测算方面差异较大，带有较大主观性。吴玉鸣和吕佩蕾（2013）选取煤炭、石油、天然气3种一次化石能源进行能源消费碳排放测算；徐国泉等（2006）采用了煤炭、石油、天然气、水电与核电能源消费4大类统计数据测算中国能源消费碳排放；邢芳芳等（2007）参照IPCC参考方法和部分缺省数据，基于终端能源和煤炭、石油制品、焦化产品、电力、热力和天然气等6大类别消费数据测算了1995—2005年北京能源消费碳排放量；舒娱琴（2012）和付云鹏等（2015）把能源具体分为煤炭、焦炭、原油、汽油、煤油、柴油、燃料油、天然气8大类，将各种能源消费量统一折算为吨标准煤再乘以各能源碳排放系数进行测算；李国志等（2010）在8种能源基础上加上电力能源测算碳排放；

宋杰鲲等（2015）从生产者责任视角，应用IPCC碳排放系数法测算各省的碳排放量，除终端能源消费量外，将火力发电与供热等中间能源转化产生的能源消耗量一并计算在内，选取了20种能源类别。

可见，在能源消费碳排放测算实践中，能源类别的选择存在较大差异，显然对测算结果会有较大偏差。那么，究竟应选择哪些能源类别、选择多少种能源类别测算能源消费碳排放量才相对准确科学呢？要回答此问题，首先必须厘清各能源类别之间的关系。

在全国（地区）能源平衡表（见表2-3）中，矩阵中的"列"[①]为各种一次能源和二次能源，对应了碳排放测算中的燃料分品种信息，主要是各类一次、二次能源品种生产、消费量。第1列"煤炭合计"为一次煤炭类能源和二次煤炭类能源的总称，第13列"油品合计"为一次石油类能源和二次石油类能源的总称。原煤、原油和天然气为一次化石能源，除第1、2、13、14、28列之外，第28列之前的其他类别能源为二次化石能源。现有文献在实际研究中能源类别选取的多样性和主观性与对能源平衡表的解读不到位有关。通过对能源平衡表仔细比较分析，发现在终端消费能源平衡子矩阵中，煤炭类一次能源和二次能源关系如下[②]：

$$L_1 = L_2 + L_3 + L_4 + L_5 \tag{2.5}$$

根据能源平衡表（实物量），从数量上来说，煤炭合计项等于原煤、洗精煤、其他洗煤、型煤之和。煤矸石、焦炉煤气、高炉煤气、转炉煤气、其他煤气、其他焦化产品等其他类别煤炭类能源为一次煤炭能源二次加工转化而来，因此，在实际能源消费碳排放测算中不能把"煤炭合计"项等同于煤炭类能源。

石油类能源关系可以用如下等式体现：

$$L_{13} = L_{14} + L_{15} + L_{16} + L_{17} + L_{18} + L_{19} + L_{20} + L_{21} + L_{22} + L_{23} + L_{24} + L_{25} + L_{26} + L_{27} \tag{2.6}$$

根据能源平衡表（实物量），从数量上来说，"油品合计"项包含了式

---

① 表2-3根据2015年全国（地区）能源平衡表矩阵形式制定，2010年之前能源平衡表列项有22种能源类别，2010年及之后列项有32种能源类别。煤矸石、高炉煤气、转炉煤气、石脑油、润滑油、石蜡、溶剂油、石油沥青、石油焦、液化天然气等10种类别能源为2010年及之后能源平衡表列项新增，进一步细化了能源分类。

② 为表述方便，公式中L_1、L_2…L_n分别对应能源平衡表中的第1列、第2列…第n列，下同。

(2.6) 所列的各类一次和二次能源，即在终端消费能源平衡子矩阵中它们在数量上等式成立。

热力（第30列）和电力（第31列）如果为一次能源，在能源消耗过程中不产生二氧化碳排放；若为二次能源，则由其他能源转化而来，需计算能源加工转换子矩阵中热力和电力项中的能源投入量的碳排放。具体方法为把"加工转换投入（-）产出（+）"子矩阵中的"火力发电"和"供热"项中的投入量（负数值）取绝对值后计入"终端消费量"子矩阵中的各类能源中。水电、风电和核电能源消费碳排放量较少可忽略不计。而对于进出口或调入调出的电力、热力，根据本地生产本地测算的原则，在测算二氧化碳排放时，不考虑进出口或调入调出的电力、热力（热力很少存在进出口或调入调出的情况）消耗数据。第28和29列为气体类能源，燃烧过程中碳排放量相对较少，较为环保，在中国能源结构所占比重中逐步增大，在实际碳排放测算中容易处理。第32列为一些不易归类能源的汇总，采用标准煤为单位，由于在能源消费总量中所占比重偏小且不易测算能源发热值和能源单位热值碳排放因子，在实际碳排放测算中通常忽略不计。

现有文献以煤炭、石油和天然气3类能源测算能源消费碳排放，存在碳排放量显著低估的情况。朱帮助等（2015）选择了29种能源类别（只剔除了表2-4中的"煤炭合计""油品合计"和"其他能源"三项）测算能源消费碳排放量，能源类别选择全面，但存在一次能源和二次能源的重复计算。由于中国2009年之间的能源平衡表列项只有22项，且有些能源在省级指南和2006IPCC指南中未给出能源氧化率、能源单位热值碳排放因子，在《中国能源统计年鉴》中未公布能源平均低位发热值，所测算能源消费碳排放量的准确性和时间序列上的可比性有待商榷。因此，理论上能源消费碳排放测算在避免重复计算的前题下应尽可能地包括能源平衡表中的能源类别，但在实际测算中需根据能源的能源单位热值碳排放因子和能源平均低位发热值对能源类别进行归并调整。本书认为在能源消费碳排放测算实践中应遵循以下原则：一是全面性，为了保证能源消费碳排放测算的完整性，应尽量纳入各能源类别；二是一致性，为保证碳排放测算结果的一致性和可比性，纳入测算的各能源类别前后各期应当一致，不得随意变更；三是可操作性，在碳排放测算结果偏差较小的情况下，应把关键能源类别纳入测算。

2.4 能源单位热值碳排放因子

首先，有必要对碳排放系数和碳排放因子进行概念界定和区分。前者是指单位能源在燃烧中所产生的碳排放数量，是与能源活动水平数据相对应的系数，如每吨（公斤）能源燃烧时的碳排放量，以量化单位活动水平的温室气体排放量。碳排放因子，即燃料含碳量，是指"单位热值（TJ）燃料所含碳元素的质量（t-C）"，不同于中国常用的以单位质量所表示的含碳量百分比（%）。现有研究文献碳排放因子的选择主要有以下几种：一是直接采用2006IPCC指南推荐的缺省值；二是采用国别排放因子，如省级指南公布的排放因子，在某些人为活动水平国别碳排放因子缺失的情况下，再参考2006IPCC指南推荐的缺省值；三是参考不同研究机构的研究成果，如EIA、日本能源经济研究所、国家发展和改革委员会能源研究所、中国工程院、环保部温室气体控制项目等发布的排放因子值；四是采用经学者修正的碳排放因子，如取各类因子的平均值等。合理选择各类燃料排放因子同样显著地影响着能源消费碳排放测算结果。IPCC缺省排放因子取自2006IPCC指南中所公布的排放因子，具有中国国家特征的排放因子取自省级指南，具体见表2-5。

表2-5　主要能源类别发热值、碳排放因子和氧化率比较

能源类别	IPCC			省级清单		
	发热值（KJ/KG）	氧化率	含碳量（KJ/KG）	发热值（KJ/KG）	氧化率	含碳量（TC/TJ）
原煤	26700	1	26.8	20908	0.94	26.37
焦炭	28200	1	29.2	28435	0.93	29.42
原油	42300	1	20.0	41816	0.98	20.08
汽油	44300	1	18.9	43070	0.98	18.90
煤油	43800	1	19.6	43070	0.98	19.60
柴油	44300	1	20.2	42625	0.98	20.20
燃料油	40400	1	21.1	41816	0.98	21.10
天然气	48000	1	15.3	35585	0.99	15.32

资料来源：根据《2006年IPCC国家温室气体清单指南（第二卷）》和2011《省级温室气体清单编制指南（试行）》整理而得。

为了便于统一测算和比较省级化石燃料的二氧化碳排放量，省级指南建议利用参考方法测算化石燃料二氧化碳排放量所需单位燃料含碳量与氧化率。根据2006IPCC指南，燃料燃烧过程的状况对二氧化碳排放因子大小的影响不敏感，所以主要取决于燃料的碳含量。省级指南认为各种燃料品种的单位发热量和含碳量、各种燃料主要燃烧设备的碳氧化率原则上需要通过实际测试获得。如当地数据无法获得，建议采用省级指南推荐的化石燃料燃烧温室气体排放因子或利用2006IPCC国家温室气体清单指南推荐的缺省排放因子。

齐绍洲、付坤（2013）认为，应用IPCC指南单位热值排放因子测算中国的能源消费碳排放量主要存在以下三个问题：第一，IPCC指南中化石能源品种分类和中国能源品种分类不完全一致；第二，IPCC指南提供的化石能源品种单位燃料含碳量和低位热值也与中国实际情况不符；第三，IPCC指南默认所有化石能源完全燃烧即氧化率为100%，这也与中国实际不符，省级指南中分别给出了各种能源的氧化率。由于以上三个方面的问题，用IPCC指南单位热值排放因子测算中国的能源消费碳排放量，将对能源消费碳排放测算结果产生较大影响。因此，本书认为需要选取符合中国实际特征值的化石能源品种的单位燃料含碳量、燃烧氧化率和低位热值。因此，在对中国区域能源消费碳排放测算时，采用国家发改委制定的《省级温室气体清单编制指南（试行）》中提供的基于中国化石能源品种实际的参数值更加符合中国实际情况。中国在编制省级指南时做了大量调研工作，在参考IPCC指南推荐值的基础上，获得了部分能源品种的国家特征值（段靖等，2013）。由表2-5可知，各能源类别在单位能源发热值、氧化率和单位热值含碳量上，IPCC指南与省级指南相近或略高于省级指南，尤其是在煤炭发热值和含碳量上IPCC指南明显高于省级指南，而中国能源消费结构中以煤炭类能源为主。因此，理论上采用IPCC缺省值测算的能源消费碳排放量要高于采用省级指南推荐值测算的碳排放量。

2.5 实证测算与分析

2.5.1 数据来源

能源消费（能源活动水平）数据主要来源于历年各省市区《统计年鉴》和《中国能源统计年鉴》。省市区统计年鉴一般会提供"综合能源平衡表"，但由于该表中的数据均以吨标准煤为单位，而各省市自治区存在显著的能源消费结构差异，这必然使得标煤的碳排放系数无法统一，最终导致碳排放测算结果误差较大。《中国能源统计年鉴》在能源消费部分有"工业分行业终端能源消费量"（含标准量和实物量）、"分行业各类能源消费量"（实物量）、"分地区分能源品种消费量"（实物量）。这些能源数据缺少能源加工转换方面的数据，不适合用于能源消费的碳排放测算。《中国能源统计年鉴》在全国能源平衡表部分提供了"中国能源平衡表"（含标准量和实物量）和在地区能源平衡表部分提供了30省份的"地区能源平衡表"（实物量）。"中国能源平衡表"和"地区能源平衡表"中提供了能源加工转换投入产出量数据、损失量数据和终端消费量数据，基于这些数据可以建立能源消费流程图，并最终确定用于计算碳排放的能源消费数据。本书测算能源消费二氧化碳排放量的活动水平数据均来自各年《中国能源统计年鉴》提供的"中国能源平衡表"和"地区能源平衡表"。全国能源消费碳排放量测算数据来源于"中国能源平衡表（实物量）"，时间跨度为1991—2015年；30省市区能源消费碳排放量测算数据来源于"地区能源平衡表（实物量）"[①]，时间跨度为1995—2015年。

2.5.2 测算方法

本书根据 IPCC 指南和省级指南推荐使用的参考方法测算能源消费二氧化

[①] 由于数据的可得性，本书测算省域碳排放量不包括西藏、台湾、香港和澳门4个区域。

碳排放量。由式（2.1）可知，碳排放量结果取决于能源消费类别和种类（n）、能源活动水平数据（E）、能源低位发热值（V）、能源单位热值碳排放因子（F）和能源的氧化率（O）。

为保证能源类别的一致性和测算的可操作性，根据能源类别单位热值排放因子和能源地位发热值的相近性，本书对能源类别进行调整。具体调整如下：将"煤矸石"并入"原煤"项，将"高炉煤气"和"转炉煤气"并入"其他煤气"项，将"石脑油""润滑油""石蜡""溶剂油""石油沥青""石油焦"并入"其他石油制品"项，"其他能源"项不计入测算。最终，能源类别选取原煤、型煤、其他洗煤、焦炉煤气、其他煤气、焦炭、洗精煤、其他焦化产品、原油、柴油、汽油、燃料油、煤油、液化石油气、炼厂干气、其他石油制品、天然气、液化天然气、热力、电力共20种能源类别。热力和电力能源消费量取"能源加工转换投入产出表"中的投入项（表中的负值），把投入的各种能源类别取绝对值与其他18类能源相加。因此，在实际测算中能源类别n取18。需要说明的是液化天然气为2010年能源平衡表中新增能源类别，本书未像其他新增能源一样并入其他能源类别，一是液化天然气消费量比较大，二是液化天然气碳排放系数与天然气差异较大。因此2009年及之前的能源类别n为17。

能源加工转换损失量用来衡量能源加工行业在能源加工工程中的效率，指一定时期内，全国（地区）能源加工转换工程中各种能源数量的投入量之和与加工转换后产出的各种能源产品之和的差额。能源类别采用实物量进行测算，在碳排放实际测算时要从"能源加工转换投入产出表"中计算出能源加工转换损失量比较繁琐。本书能源加工转换损失量的碳排放进行如下处理。一是计算《中国统计年鉴》中"全国综合能源平衡表"中以标准煤为单位的"能源加工转换损失量"占"终端能源消费量""能源损失量"和"能源加工转换损失量"之和的比重G，以此作为能加工转换损失率。二是测算不含"能源加工转换损失量"的能源消费总量的碳排放量C_0，然后根据式（2.7）计算能源消费总量的碳排放量C。

$$C = C_0 + \frac{C_0 \times G}{1 - G} \qquad (2.7)$$

需要说明的是，不能用《中国能源统计年鉴》中的"能源加工转换效率指标"来计算"能源加工转换损失量"，因为本书测算电力和热力二次能源的碳排放时以化石能源投入量测算碳排放量，已经包含了能源加工转换损失量这一部分。中国总的能源加工转换效率为70%左右，发电及电站供热能源加工转换效率则为40%左右。因此，以能源加工转换效率来测算中国能源加工转换损失量的碳排放会对总的能源消费碳排放有较大的高估。

能源活动水平数据根据式（2.4）和能源平衡表（实物量）计算而得；能源低位发热值来源于《中国能源统计年鉴》；能源单位热值碳排放因子和能源的氧化率来源于省级指南，在省级指南中未公布能源类别的碳排放因子时，参考2006IPCC指南。

2.5.3 测算结果与分析

当前定期发布各国碳排放量的机构有世界银行数据库（Databank）、国际能源署（IEA）、英国石油公司（BP）、美国橡树岭国际实验室信息分析中心（CDIAC）、美国能源信息管理局（EIA）等。为便于对各机构所发表的数据进行比较，从而验证本书能源消费碳排放量测算的精确度和方法的合理性，本章测算了中国1991—2015年化石能源消费碳排放量（见表2-6）。中国能源消费碳排放量由1991年的22.64亿吨增长到2015年的95.76亿吨，最高值为2014年的100.55亿吨。1991—2014年碳排放年均增长率为6.41%，2015年碳排放比2014年下降了4.8%，能源消费碳排放量是否出现拐点，有待进一步观察。

表2-6　　　　　　　中国二氧化碳排放量比较　　　　　　单位：亿吨

年份	本文测算	IEA		CDIAC	
	排放量	排放量	差值比率①	排放量	差值比率
1991	22.64	21.87	0.0351	25.84	-0.1240
1992	23.58	22.82	0.0335	26.96	-0.1253
1993	25.64	24.86	0.0316	28.78	-0.1091
1994	26.83	25.86	0.0374	30.58	-0.1228
1995	29.57	28.87	0.0241	33.20	-0.1094

---

① 差值比率是指本书测算的碳排放量与IEA和CDIAC发布的碳排放量之差再与IEA和CDIAC的比值。负值表示本书测算值小于CDIAC发布的值，反之，则本书测算值大。

续表

年份	本文测算 排放量	IEA 排放量	IEA 差值比率①	CDIAC 排放量	CDIAC 差值比率
1996	30.35	28.72	0.0569	34.63	-0.1234
1997	30.23	29.07	0.0402	34.69	-0.1285
1998	30.77	30.00	0.0257	33.24	-0.0744
1999	31.14	29.00	0.0739	33.18	-0.0613
2000	31.96	30.87	0.0354	34.05	-0.0613
2001	32.99	32.43	0.0174	34.87	-0.0540
2002	36.25	34.97	0.0364	36.94	-0.0187
2003	41.74	40.52	0.0300	45.25	-0.0775
2004	48.14	47.24	0.0191	52.88	-0.0896
2005	54.70	53.58	0.0209	57.89	-0.0552
2006	60.59	59.12	0.0249	64.14	-0.0553
2007	65.93	64.68	0.0193	67.91	-0.0292
2008	68.36	66.08	0.0345	71.75	-0.0472
2009	73.99	70.26	0.0532	76.18	-0.0287
2010	82.15	77.07	0.0660	87.67	-0.0630
2011	90.62	84.66	0.0704	97.24	-0.0681
2012	91.32	86.21	0.0593	100.20	-0.0887
2013	98.25	89.96	0.0922	102.49	-0.0413
2014	100.55	90.36	0.1127	102.91	-0.0229
2015	95.76	90.41	0.0592	—	—

注：当前 CDIAC 还未发布 2015 年碳排放数据。

资料来源：IEA 和 CDIAC 发布的碳排放数据分别来源于其官方网站。

需要说明的是，运用本书改进的能源消费碳排放测算方法分别对中国及其 30 个省市区碳排放量进行了测算，但 30 省市区碳排放量之和（30 省市区碳排放量数据见本书附表 2）要大于全国的碳排放量。如 2013—2015 年中国能源消费二氧化碳排放量分别为 98.25 亿吨、100.55 亿吨和 96.76 亿吨，而 30 省市区二氧化碳排放量之和分别为 117 亿吨、115 亿吨和 118 亿吨，后者比前者分别高出 19.08%、14.37% 和 21.95%。碳排放量地区之和要大于全国总量的测算结果与崔琦和杨军（2016）对碳排放测算文献分析的结果一致，也与

Guan D 等 (2012) 的测算结果一致,该研究表明各省碳排放量加总比基于全国数据计算得到排放量高 14%。这主要是因为中国能源消费统计同 GDP 一样实行分级核算,地区之间存在重复计算的情况,会导致地区合计能源消费数据数大于国家数据。如以 2013 年《中国能源统计年鉴》为例,"中国能源平衡表(实物量)"中"终端消费"项的"煤合计"和"原煤"两列的统计量分别为 119491.39 万吨和 102942.17 万吨,30 省市区"地区能源平衡表"中"终端消费"项的"煤合计"和"原煤"两列的统计量加总分别为 127938.61 万吨和 115735.60 万吨,后者比前者分别高出 7.69% 和 12.43%。

从本书所测算的碳排放量与 IEA 和 CDIAC 发布的数据比较来看,本书测算的碳排放量大于 IEA 发布的碳排放量,最大差值率为 0.1127,最小为 0.0174,平均差值率为 0.0444;小于 CDIAC 发布的碳排放量,最大差值率为 -0.1285,最小为 -0.0187,平均差值率为 -0.0741。朱松丽 (2013) 认为 IEA 数据与中国能源消费碳排放量数据较为一致,但由于没有包括能源生产过程中的二氧化碳逃逸排放,所以 IEA 所公布的能源消费碳排放量数据要小于我国碳排放实际值,而 CDIAC 数据包含了水泥生产过程中的二氧化碳排放,因此所公布的碳排放数据要大于我国碳排放实际值。中国水泥生产过程中二氧化碳排放量占总碳排放量的 10% 左右 (刘立涛等,2014)。近些年本书测算数据与 CDIAC 数据差值比率 (绝对量) 有逐步缩小的趋势,与中国产业结构调整中水泥行业去产能的情况是一致的。

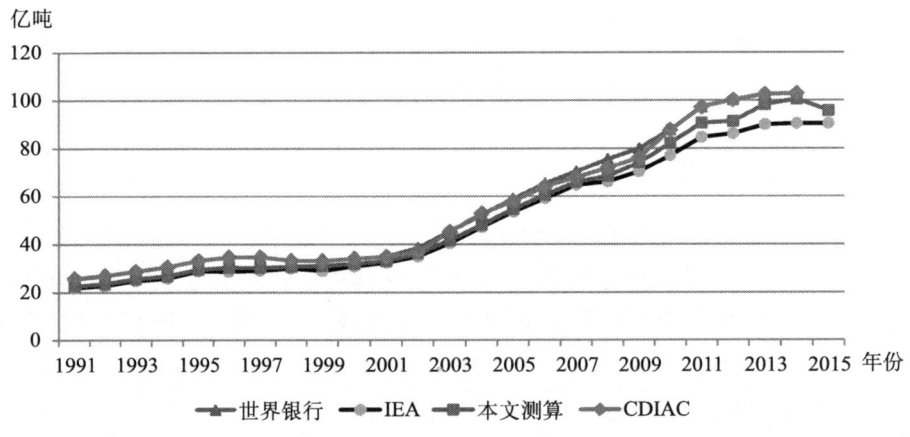

图 2-1　能源消费二氧化碳排放量测算结果及比较

从本书所测算的碳排放数据与 IEA 和 CDIAC 发布的数据的走势来看，图 2-1 为国际机构发布的中国二氧化碳排放量和本书测算的碳排放量曲线图，选取了使用最为广泛且较为权威的世界银行、IEA 和 CDIAC 发布的数据进行比较。本书测算的数据与三大机构公布数据走势基本一致，碳排放量处于数据偏低的 IEA 和偏高的 CDIAC 和世界银行之间，由此可知，本书测算的结构具有较高的可信度，对能源消费碳排放测算方法的改进具有一定的可行性和科学性。

2.6 本章小结

基于中国碳排放量统计数据的缺失，而相对科学地摸清中国能源消费碳排放量"家底"是进行碳排放相关研究和节能减排政策制定的基础。当前测算以非系统法的排放因子法测算为主，但碳排放测算结果不尽如人意，在能源活动水平数据、能源类别的选取和能源单位热值碳排放因子的选取等方面存在较大的主观性和随意性。基于 2006IPCC 指南和省级指南推荐的排放因子法，本书指出了在能源活动水平数据、能源类别选择和能源单位热值排放因子等方面存在的问题，并提出了相应的改进方法，力求测算结果的准确性。以《中国能源统计年鉴》中能源平衡表（实物量）为数据来源，正确解读分析能源平衡表是测算的基础。应以能源平衡表（实物量）中的终端消费量、损失量、加工转换损失量之和减去用作材料的能源作为能源活动水平数据。在能源类别选择方面，提出了应以全面性、一致可比性和便利性为原则，在不重复计算的情况下，应尽量纳入能源类型进行测算，并依据 2006IPCC 指南和中国省级指南以及中国能源平衡表的变化对能源类别进行调整归并。在能源单位热值排放因子选择上以省级指南为主，并参考 2006IPCC 指南提供的缺省值。最后，依据本文提出的能源消费碳排放测算改进方法，测算了中国 1991—2015 年的能源消费碳排放量，并与国际机构发布的中国碳排放量进行比较，测算结果较为理想，验证了本书提出的改进方法具有一定的合理性和可信性。

3

中国区域碳排放空间分布特征分析

本章运用第 2 章改进的能源消费碳排放测算框架和方法对中国 30 个省市区（不含西藏及港澳台）1995—2015 年能源消费碳排放量进行测算，并根据各地区 GDP（2005 年不变价格）和常住人口计算碳排放强度和人均碳排放（能源消费碳排放量、碳排放强度和人均碳排放数据见本文附表），对 30 省市区碳排放量、碳排放强度和人均碳排放量三个指标进行描述性分析和空间探索性分析，以摸清中国及各区域碳排放"家底"和变化趋势等特征。

3.1 碳排放描述性分析

对中国区域碳排放历史和现状进行描述性分析有利于从总体上把握近些年中国二氧化碳排放情况和碳减排成效，为后文碳排放相关研究提供经验数据支持。

3.1.1 全国碳排放分析

(1) 二氧化碳排放总量

图 3-1 反映了 1995—2015 年全国碳排放量和增长率变化。碳排放量从 1995 年的 36.8 亿吨增加到 2015 年的 118.5 亿吨，年均增长率为 5.70%。大致可以分为三个阶段。1995—2001 年为碳排放缓慢增长阶段，年均增长率为 1.90%。主要是由于"九五"期间中国经济发展面临较为复杂的国际和国内环境，国际上全球化趋势进一步加强，亚洲金融危机对中国的出口和经济增长带来较大的冲击；国内国有企业改革进一步深化，经济需求过热和有效需求不足先后出现。2002—2011 年为碳排放迅速增长阶段，年均碳排放增长率达 9.76%，尤其是 2003—2006 年碳排放年均增幅达 15% 以上。这主要是由于加入世界贸易组织后，中国全方位、更加深入地融入世界经济体系，国民经济外向型特征明显，经济的高速增长导致大量能源消耗；另外，城市化步伐加快，大量投资于资本密集型的重工业，拉动经济增长，出现产业重工业化现象，同时环境规制较为宽松使得经济增长方式进一步粗放化。第三阶段为 2012—2015 年，碳排放总量有所增加，但增速大大放缓，主要得益于积极推进经济发展方式转变和产业结构调整，经济发展质量得到提升，经济增速已经由高速转变为中速，加大环保和节能领域的投入，把节能减排指标纳入经济发展体系，表明"十二五"期间，中国节能减排效果显著。

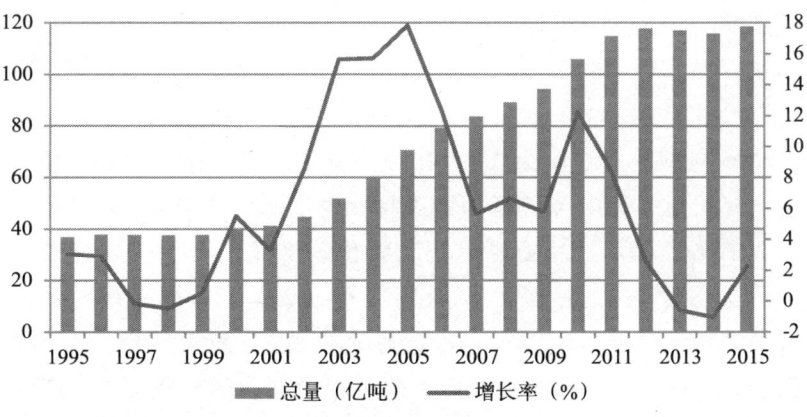

图 3-1 全国能源消费碳排放量及增长率

(2) 人均二氧化碳排放量

图 3-2 反映了 1995—2015 年全国人均碳排放量和增长率变化。人均碳排放量从 1995 年的 3.04 吨/人增加到 2015 年的 8.62 吨/人，年均增长率为 5.09%。由于实施计划生育的基本国策，在此期间中国人口增长率较低，人均碳排放增长趋势与碳排放总量增长趋势基本一致。

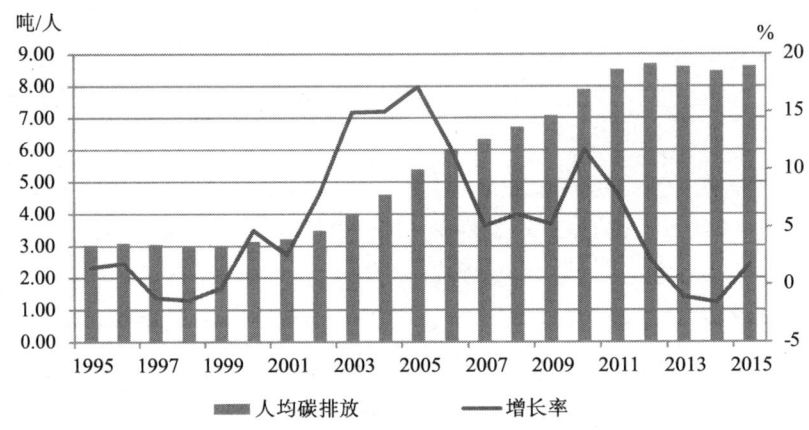

图 3-2 全国能源消费人均碳排放及增长率

(3) 碳排放强度

图 3-3 反映了 1995—2015 年全国单位 GDP（2005 年不变价格）碳排放量及其下降率变化。由于产业结构、能源结构优化调整以及技术进步推动，中国单位 GDP 碳排放量（以下称碳排放强度）大幅降低。从 1995 年的 5.06 吨/万元降低到 2015 年的 2.42 吨/万元，年均下降率为 3.45%。大致可以分为三个阶段：第一阶段为 1995—2001 年，碳排放强度大幅下降，年均下降率为 6.82%；第二阶段为 2002—2005 年，碳排放强度不降反升，连续 3 年出现同比上升，2005 年碳排放强度为 3.54 吨/万元；第三阶段为 2006—2015 年，碳排放强度下降明显，2015 年能源消费碳排放强度比 2005 年下降 31.6%，年均下降率为 3.75%。因此，从能源消费二氧化碳排放强度变化趋势来看，2020 年中国完全能兑现碳排放强度比 2005 年下降 40%~45% 的承诺。尽管本文所估算能源消费二氧化碳排放量不可避免地存在偏差，能源消费二氧化碳排放强度不等同于整体的二氧化碳排放强度，但足以说明中国产业结构、能源消费结构优化调整以及清洁技术进步等因素促进了中国能源效率的提高。

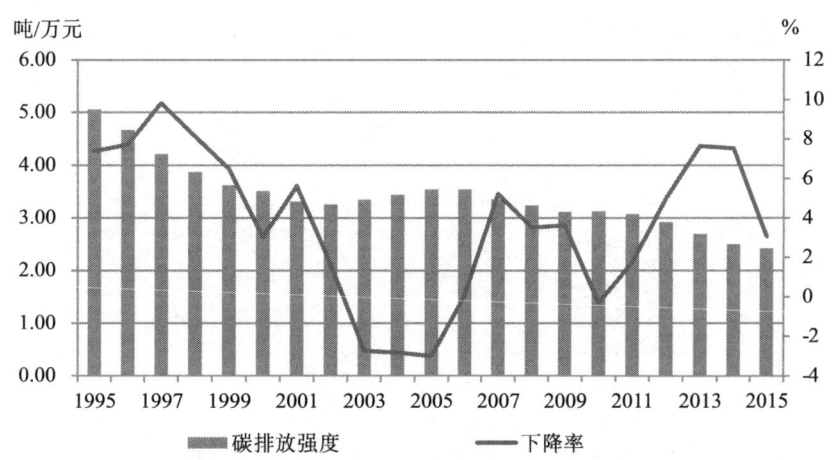

图 3-3 全国能源消费碳排放强度及下降率

从碳排放总量、人均碳排放和碳排放强度 3 个指标比较来看，碳排放总量和人均碳排放呈现较为一致的变化趋势，与碳排放强度变化趋势相反。图 3-4 较为清晰地反映了中国碳减排情况。首先，GDP 增长率和碳排放总量增长率趋势基本一致，表明经济增长是碳排放量增加的主要正向驱动因素。其次，碳排放总量增长率和碳排放强度下降率曲线关系能反映中国经济发展方式和节能减排效率。具体来看，1996—2001 年碳排放强度下降率高于碳排放增长率。一方面，主要由于国有体制改革以及受东南亚金融危机等的影响，经济增长速度有所下降；另一方面，由于资源配置和发展方式的转变和经济模式的转型，2002—2012 年碳排放总量增长速度高于碳排放强度下降速度，尤其是 2003—2006 年碳排放总量增速很快而碳排放强度不降反增。从国际来看，由于加入世界贸易组织后，中国全方位、更加深入地融入全球经济体系，国民经济外向型特征明显，经济的高速增长导致大量能源消耗。从国内来看，中国处于工业化和城镇化快速发展时期，尤其是在工业结构上出现重工业化趋势。2012 年之后碳排放总量增长速度小于碳排放强度下降速度，主要原因在于"十二五"期间中国实施调结构、去产能、转方式等经济发展导向，节能减排效果取得显著成效。GDP 增长率和碳排放强度下降率曲线之间的关系体现了碳排放量增量情况，即在 GDP 增长率与碳排放强度下降率较为一致时，碳排放总量控制较为理想，在两者差距较大时碳排放量增量较大。发展中国家一般处于经济增长与节能减排"两难境地"，要达到经济增长与控制碳排放的"双赢"，则必须处理好 GDP

增长率和碳排放强度下降率之间的关系（刘志红，曹俊文，2017）。

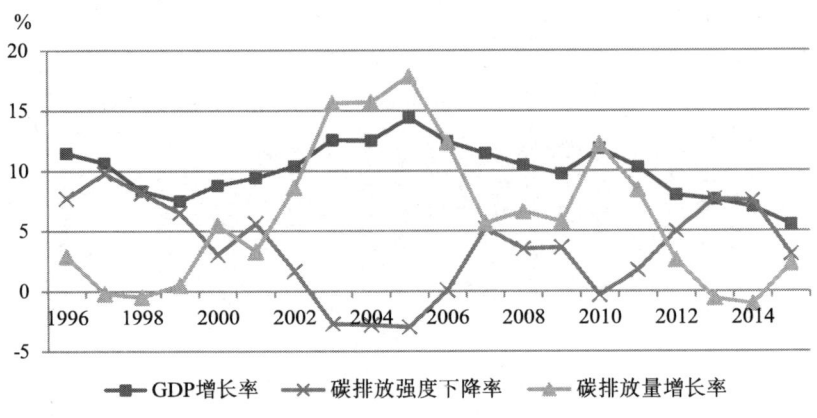

图3-4 GDP、碳排放强度和碳排放量变化率趋势

3.1.2 三大区域碳排放分析

中国在"七五"计划（1986—1990年）期间提出了地区经济的梯度开发思想，按经济带划分东部沿海地区、中部内陆地区和西部边远地区三区域。西部大开发战略提出后，划分标准有所调整。本文根据《中国统计年鉴2017》所划分的三大区域，把30个省市区划分为：东部地区，北京、天津、河北、辽宁、上海、江苏、浙江、福建、山东、广东和海南；中部地区，山西、吉林、黑龙江、安徽、江西、河南、湖北、湖南；西部地区，四川、重庆、贵州、云南、陕西、甘肃、青海、宁夏、新疆、广西、内蒙古。由于数据缺乏，西藏自治区、台湾省、香港和澳门特别行政区在区域及省域角度的研究均未包括在内。

（1）碳排放总量

如图3-5所示，东部、中部、西部三大区域能源消费碳排放量分别从1995年的17.4亿吨、12.9亿吨和8.1亿吨增加到2015年的57.1亿吨、33.2亿吨和34.3亿吨。三大区域中碳排放绝对增量东部最大，增加了39.6亿吨，中部最小为20.3亿吨。东中西部三大区域碳排放量年均增长率分别为5.81%、4.60%和7.10%，中部碳排放增长率最低，而西部碳排放增长率最高，高于中部2.5个百分点。从而导致从2012年起，西部碳排放量超过中部碳排放量。因此，无论是碳排放的绝对增量还是碳排放增长率，中部地区碳排放总量控制效果明显，节能减排成效较为显著。

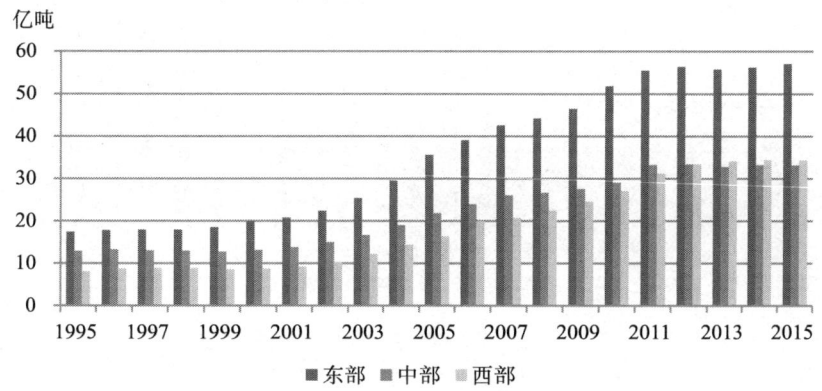

图 3-5 三大区域能源消费碳排放量

（2）人均二氧化碳排放量

如图 3-6 所示，东部、中部、西部三大区域能源消费人均碳排放分别从 1995 年的 3.8 吨/人、3.2 吨/人和 2.4 吨/人增加到 2015 年的 10.0 吨/人、7.7 吨/人和 9.3 吨/人，年均增长率分别为 4.68%、4.31% 和 6.71%。西部地区年均增长率高于中部 2.4 个百分点，2009 年西部人均碳排放超过中部，并有赶超东部的趋势。经济发达的沿海东部地区人均碳排放要高于经济欠发达的中西部地区，这与国际发达国家和发展中国家现状一致。因此，人际公平角度来看，东部地区应承担更多碳减排责任，或者说中西部经济欠发达地区应该享有更多的碳排放空间以促进中西部地区社会经济的发展和人民生活水平的提高。研究期内，西部地区人均碳排放以较快速度增长，主要是由于能源资源较为丰富省份产业结构单一，大量的能源生产和消费拉高了该地区整体的人均碳排放。

（3）碳排放强度

如图 3-7 所示，三大区域碳排放强度都下降明显。东部、中部、西部三大区域碳排放强度分别从 1995 年的 4.2 吨/万元、7.1 吨/万元和 6.2 吨/万元下降到 2015 年的 2.1 吨/万元、2.8 吨/万元和 3.5 吨/万元，年均下降率分别为 3.28%、4.36% 和 2.64%。东部地区由于较为合理的产业结构和较高的技术水平，碳排放强度在研究期内一直低于中西部地区。中部地区碳排放强度下

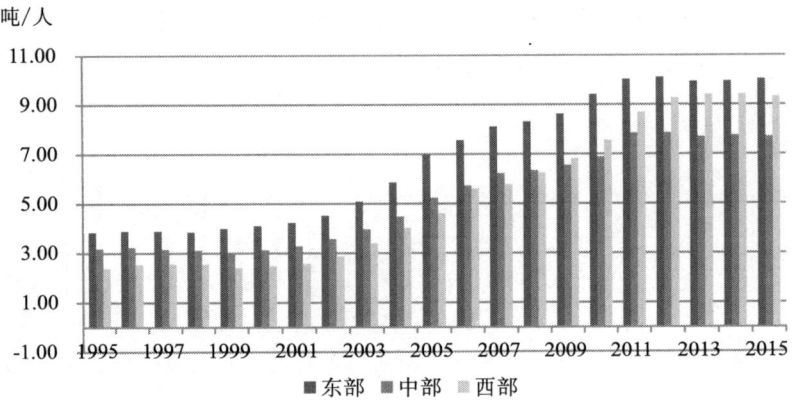

图 3-6 三大区域能源消费人均碳排放量

降显著,在趋势上逐步缩小与东部地区的差距,但西部地区碳排放强度下降幅度较低,2003 年起西部地区碳排放强度超过中部地区并逐步拉大差距。

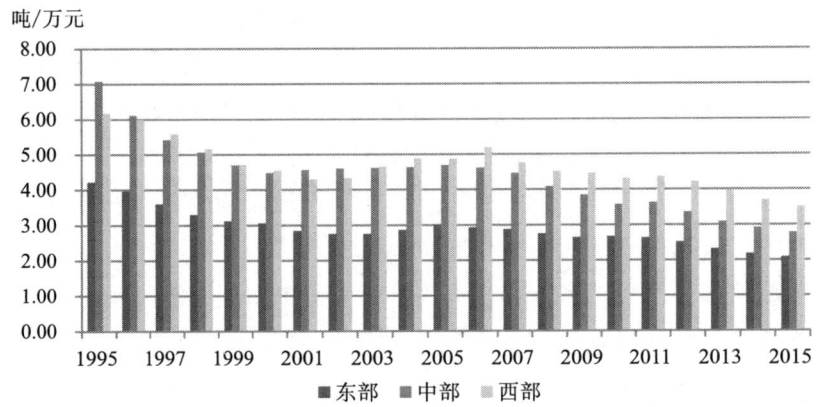

图 3-7 三大区域能源消费碳排放强度

从三大区域比较来看,无论是碳排放总量、人均碳排放和碳排放强度的绝对量,还是 3 个指标的变化率,中部地区碳排放控制效果最好。在人均碳排放和碳排放强度指标上与其他两个区域相比都实现了较好的总量和增量控制,碳减排的"中部模式"值得总结和推广。

3.1.3 省域碳排放分析

由于自然资源禀赋、所处区位以及国家梯度发展战略等原因,中国区域经济发展水平呈现较严重的不均衡性,也导致了碳排放区域分布呈现较大的非均衡状态[①]。

(1) 省域碳排放量分析

从 1995—2015 年,累计能源消费碳排放量来看(见附表 2),30 个省市区共累计排放 1532 亿吨二氧化碳,碳排放量贡献前 5 位的省份依次为山东、河北、山西、辽宁和江苏,分别为 146.8 亿吨、119.2 亿吨、113.8 亿吨、104.9 亿吨、99.7 亿吨,5 省累计碳排放量占累计碳排放总量的 36.15%。累计碳排放量最少的省份依次为青海、海南、宁夏、重庆和北京,分别为 6.6 亿吨、6.7 亿吨、19.2 亿吨、22.9 亿吨和 24 亿吨,5 省累计碳排放量占累计碳排放总量的 6.51%。山东累计碳排放量是海南的 22.3 倍。

从 1995—2015 年各省市区能源消费碳排放量走势来看,大致可以分为三个阶段,如图 3-8 所示。1995—2001 年,30 个省市区碳排放总量年均增长 2.02%,为碳排放量缓慢增长期。横向省域比较来看,各省市区碳排放量尽管差异较大,但纵向历史比较来看,省域年碳排放量变化不大。碳排放量前 3 位的省市区分别为山西、辽宁、河北,年排放量在 3 亿吨左右,而年排放量最少的 3 个省市区分别为海南、青海、宁夏,年排放量在 1000 万吨左右。2001 年山西碳排放量为海南的 38.4 倍。2002—2012 年间,大多省市区碳排放量大幅增加,碳排放量省域间差距进一步扩大。2012 年,30 省市区碳排放总量为 2002 年的 2.63 倍,年均增长 9.18%,内蒙古碳排放量年均增长达 16.07%,北京年均增长率最小为 2.37%。碳排放量最多的山东是碳排放量最少的青海的 20.46 倍。2011—2015 年即"十二五"期间,为碳排放量缓慢增长期,各省市区碳排放量变化差异较大,多数省份在此期间能源消费碳排放量出现峰值。北京、上海在 2010 年达到碳排放区间峰值,分别为 1.37 亿吨和 3.42 亿

[①] 重庆 1995 年和 1996 年数据缺失,根据 1997 年重庆碳排放量占四川碳排放量比重,将 1995 年和 1996 年四川碳排放量分成重庆碳排放量和四川碳排放量两部分。海南 2002 年能源消费数据缺失,碳排放量数据取 2001 年和 2003 年碳排放量的几何平均数。宁夏 2001 年和 2002 年碳排放数据按照 2000 年和 2003 年递增比例推算而得。

吨。在1995—2015年期间，碳排放量最大值出现在2011年的省市区有6个：吉林、河南、浙江、湖南、广东和重庆；碳排放量最大值出现在2012年的省市区有4个：辽宁、黑龙江、湖北和云南；碳排放量最大值出现在2013年的省市区有6个：天津、河北、广西、四川、贵州和青海；碳排放量最大值出现在2014年的省市区有5个：山西、内蒙古、福建、陕西和甘肃；2015年碳排放量仍未达到最大值的省市区有7个：江苏、安徽、江西、山东、海南、宁夏和新疆。

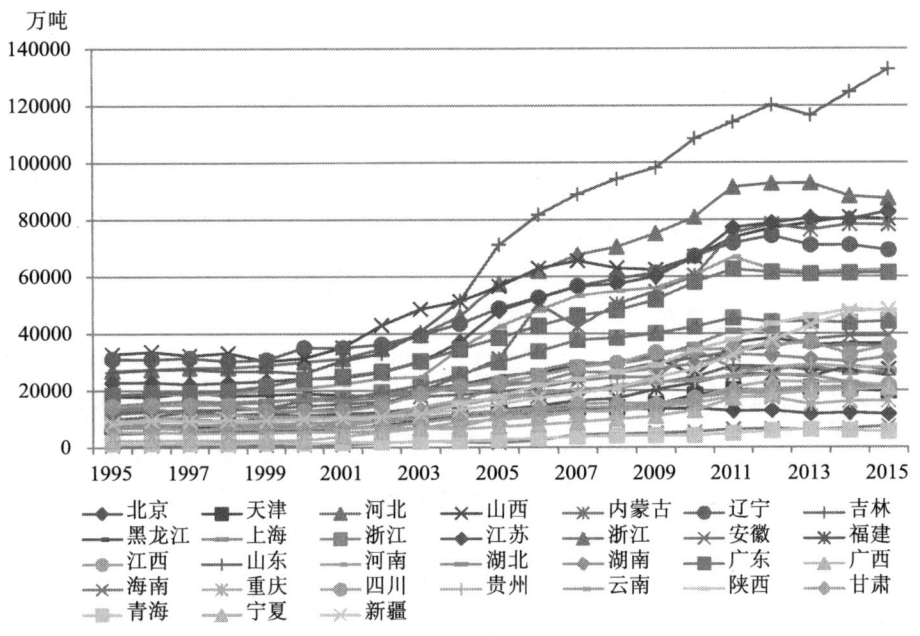

图3-8 省域能源消费碳排放量走势

总之，从纵向历史比较来看，在考察时间段尤其是在2002—2012年，即"十五"和"十一五"期间，在经济得到发展，财富不断积累和人民生活水平得到提高的同时，中国各省市区碳排放量迅速增长。从横向省域比较来看，各省市区碳排放量差距进一步扩大，经济相对发达或能源型省市区碳排放增长迅速，如山东、江苏、山西、内蒙古等，而经济欠发达且能源欠丰富的省市区碳排放增量相对较少，如青海等。

（2）省域碳排放强度分析

从30个省市区历年碳排放强度方差来看（见附表2），方差总体上呈显著下降趋势，从1995年的17.33下降到2015年的5.41。各省市区碳排放强度逐步缩小，省域碳排放强度有收敛趋势。

从横向省域比较来看，各省市区碳排放强度在研究期内总体呈明显下降趋势（海南除外），但省域间碳排放强度差距依然明显。1995年碳排放强度前5位的省份依次为山西、甘肃、宁夏、贵州和内蒙古，碳排放强度依次为24.05吨/万元、11.20吨/万元、11.13吨/万元、10.51吨/万元和9.19吨/万元。碳排放强度最小的5个省份依次为海南、福建、浙江、广东和广西，碳排放强度依次为1.20吨/万元、1.25吨/万元、2.45吨/万元、2.61吨/万元和2.89吨/万元，碳排放强度最大省份山西是最小省份海南的20.04倍。2015年碳排放强度前5位的省份依次为宁夏、山西、新疆、内蒙古和甘肃，碳排放强度依次为10.53吨/万元、9.24吨/万元、7.64吨/万元、6.46吨/万元和4.48吨/万元。碳排放强度最小的5个省份依次为北京、广东、浙江、重庆和福建，碳排放强度依次为0.75吨/万元、1.24吨/万元、1.52吨/万元、1.53吨/万元和1.55吨/万元，碳排放强度最大省份山西是最小省份北京的14.04倍。总体特征是能源资源丰富的中西部区域碳排放强度较高，而经济发达的东部区域碳排放强度较低。

如图3-9所示，从纵向时间序列比较来看，1995—2015年碳排放强度下降明显，全国年均下降率为3.45%，多数省份年均下降率达3%以上，其中北京、天津和重庆下降率最快，分别为8.74%、5.95%和5.75%。碳排放强度下降率较低的省份宁夏、新疆和福建，依次为0.26%、0.29%和0.82%。

(3) 省域人均碳排放分析

总体来看，经济持续高速增长推动着能源消费量增加，使得在研究期内中国人均碳排放量持续增长，30个省市区人均碳排放量差距呈扩大趋势（见附表2）。人均能源消费碳排放量从1995年的3.04吨/人增加到2015年的8.62吨/人，年均增长率为5.09%。30省市区人均碳排放量方差由2005年的7.04扩大到2015年的49.23，表明人均碳排放量省域间极其不平衡，且省域差距有扩大的趋势。

从横向省域比较来看，各省市区人均碳排放在研究期内总体呈增加趋势（北京除外），人均碳排放差距逐年扩大。1995年人均碳排放前5位省份依次为上海、山西、天津、北京和辽宁，人均碳排放依次为11.04吨/人、10.64吨/人、8.40吨/人、7.79吨/人和6.69吨/人，人均碳排放较小的5个省份依

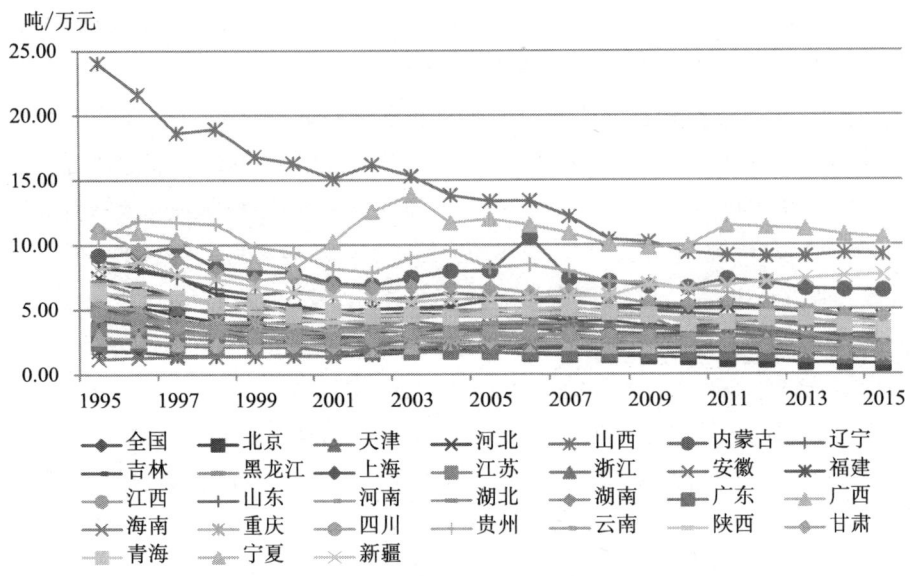

图3-9 省域能源消费二氧化碳排放强度曲线

次为海南、广西、福建、云南和四川,人均碳排放依次为0.76吨/人、1.21吨/人、1.52吨/人、1.72吨/人和1.78吨/人,人均碳排放最大省份上海是最小省份海南的14.53倍。2015年人均碳排放高的前5位省份依次为宁夏、内蒙古、山西、新疆和辽宁,人均碳排放依次为31.16吨/人、31.12吨/人、21.84吨/人、20.48吨/人和15.80吨/人。人均碳排放较小的5个省份依次为云南、四川、广西、湖南和江西,人均碳排放依次为4.35吨/人、4.28吨/人、4.52吨/人、4.67吨/人和4.77吨/人,人均碳排放最大省份宁夏是最小省份云南的7.16倍。

从纵向时间序列比较来看,如图3-10所示,1995—2015年人均碳排放增加明显,全国年均增长率率为5.09%,多数省份年均增长率达3%以上,只有北京、上海和天津人均碳排放年均增长率低于3%,分别为-1.74%、0.01%和2.00%。在考察时间段,由于经济的迅速发展以及人民生活水平的提高,中国能源消费人均碳排放总体呈增加趋势,且省域人均碳排放差异扩大。

依据第2章测算的中国30个省市区碳排放数据,从全国、三大地区、省域三个空间尺度描述性地分析了1995—2015年的碳排放情况和特征,总结如下。

3 中国区域碳排放空间分布特征分析 | 61

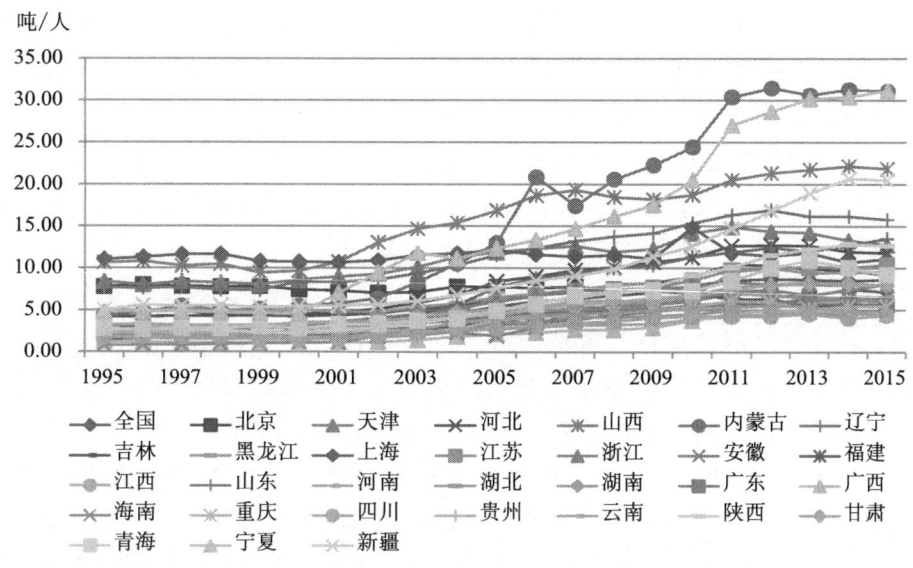

图 3-10 省域能源消费人均二氧化碳排放量曲线

第一，研究期内，尤其是"十一五"和"十二五"期间，中国能源消费碳排放量迅速增长，碳减排面临较大的压力，同时人均碳排放相应增加；尽管碳排放强度下降明显，相对减排成效显著，但仍高于发达国家甚至部分发展中国家水平，碳减排形势不容乐观。在碳排放变化趋势上出现2002年和2011年两个时间突变点。第一个突变点出现的原因：加入世界贸易组织后中国全面融入世界经济体系，经济高速增长，外向型经济特征明显，同时碳排放量和人均碳排放迅速增长，碳排放强度下降趋势减缓甚至碳排放强度不降反升。第二个突变点出现的原因：为落实2020年碳减排目标，将碳排放强度作为约束性指标纳入"十二五"规划，大力发展绿色经济和低碳经济，实施调结构、去产能的改革，2012年后碳排放强度下降速度提升，碳排放量增长率下降。

第二，从三大区域来看，尽管碳排放绝对量的增加主要来自东部地区，但东部地区经济体量较大，碳排放效率较高；中部地区碳减排成效最为显著，无论是碳排放绝对量的增量还是碳排放强度的降低，即相对碳减排都取得较好的减排效果；西部地区碳减排形势不容乐观，人均碳排放较高且碳排放强度下降不明显。

第三，碳排放呈现区域性特征。人均碳排放量省域差异有进一步扩大的趋势，尽管碳排放强度省域差异仍较大，却呈现差距逐步缩小的趋势。碳排放量较大的省份一般为能源资源丰富地区和经济体量较大地区,如山西、河北、山东和江苏;碳排放量较小的地区多为经济较为欠发达的西部地区或经济较为发达城市化率较高的地区;碳排放强度较高的省份一般能源资源丰富或经济较为落后,如山西、宁夏等;碳排放强度较低的省份多为经济发达的东部地区,如广东、北京等;人均碳排放量较高的省份多为能源资源较为丰富地区,而人均碳排放较低的省份多为经济较为落后的中西部地区。

第四,存在碳排放区域转移现象,碳排放核算要兼顾消费地原则和生产地原则。碳排放区域性特征与区域经济发展不平衡,GDP体量差异较大等因素有关,也与能源消费碳排放量生产侧测算有关,碳排放量存在区域碳转移现象。中国的生产侧碳排放高于消费侧碳排放存在"发达国家消费与中国污染"问题(彭水军等,2015)。王安静等(2017)测算了中国30省份的生产者责任以及消费者责任二氧化碳排放量,研究表明国内区域间和省域间生产侧碳排放与消费侧碳排放有较大的差距,具体而言,东部沿海、南部沿海以及京津地区消费侧碳排放量大于生产侧,西北地区则相反。广东、上海、北京、浙江、江苏的净碳转出量最大,内蒙古、山西、河北、新疆、贵州的净碳转入量最大。罗胜(2016)的研究也得出了相应的结论。说明在国内也同样存在"经济发达区域消费与经济欠发达区域污染"的问题。从区域和人际公平的角度来说,碳排放核算不仅要考虑生产地原则,也要考虑消费地原则,这有利于区域碳排放政策的制定和碳排放配额的分配。

3.2 碳排放空间探索性分析

地理学第一定律认为任何事物间是相互联系的,但距离近的事物比距离远的事物关联性更强。这与经典统计理论中关于变量间独立同分布的假设相悖。因此,有必要抛开经典统计假设,用不同的统计分析方法来测度事物间的空间相关性。在实证分析中,关键又在于分析与地理位置相关数据的空间依赖性和空间异质性。最常用的方法是对研究对象进行探索性空间数据分析。

3.2.1 探索性空间分析理论

探索性空间数据分析（ESDA）方法主要用于探测一些变量的空间联系和聚集现象，主要有全局空间关联指标和局部空间关联指标。Hampson 等（1999）认为探索性空间数据分析实质是以数据为驱动（而非由理论推动）的探索过程，由"数据说话"来探索事物之间的相关性。空间依赖性是指由于某种空间作用使得观测值在地理上集聚，从而导致了空间相关性。空间异质性指不同的事物和现象在不同的空间区位上都体现了自身的特点。基于观测对象的空间关系，ESDA 分析方法可以大致分为两类：一类是全局空间自相关分析（Global Spatial Autocorrelation），又叫全局空间相关性分析，是用来分析空间数据在整个系统内表现出的分布特征，刻画空间单元上属性值之间的整体分布情况，即全局范围内是否存在聚集特征。另一类为局域空间自相关分析（Local Spatial Autocorrelation），用来分析局部子系统所表现出的分布特征，分析聚集所发生的位置，具体包括空间集聚区、非典型的局部区域、异常值或空间政区。两种分析方法都可以采用 Moran's I 指数、Geary's C 指数等度量指标。Geary's C 统计量与 Moran's I 统计量形式上比较接近，得出的结果也比较相似，在多数分析中两者大致上可以相互替代（李国平，王春杨，2012）。本书只对 Moran's I 指数进行分析探讨空间单元属性值之间的空间关系。

（1）全局空间相关性分析

全局 Moran's I 指数计算公式为（Cliff, A. D. and Ord, J. K., 1981）：

$$\text{Moran's I} = \frac{n \sum_{i=1}^{n} \sum_{j=1}^{n} W_{ij}(X_i - \bar{X})(X_j - \bar{X})}{\sum_{i=1}^{n} \sum_{j=1}^{n} W_{ij} \sum_{i=1}^{n}(X_i - \bar{X})^2} \quad (3.1)$$

其中，X_i 和 X_j 表示第 i 和 j 地区样本空间的观测值（本书指人均碳排放量或碳排放强度），$\bar{X}$ 为样本空间观测值的平均数，n 为地区总数（本书为中国 30 个省市区），W_{ij} 为二进制的邻近空间权值矩阵。

运用空间计量模型的首要步骤是确定空间权重矩阵 W，这也是空间计量经济学与传统计量经济学的主要区别。衡量地理空间关系的方法通常有两种，即邻近原则和距离原则，邻近原则指若观察对象在空间上相邻，则权重值设为

1，否则为 0。依据对相邻关系的定义不同，邻近原则又可分为 Rook 原则和 Queen 原则，前者仅以共同边界来定义邻居，而后者除了共有边界之外还包括拥有共同顶点的邻居。故而，一般情况下，Queen 空间权重矩阵相对于 Rook 权重矩阵拥有更多的邻居，更能体现现实中的空间关系。一般来说，同一区域不与自身空间相关，主对角线上的元素 $W_{ii}=0$；非主对角线上的元素 W_{ij}（$i \neq j$）在区域 i 和区域 j 相邻的情况下取 1，否则取 0。为减少外在影响和便于结果的解释，通常将每个元素除以其所在行元素之和，使得矩阵中每行元素之和为 1，称为空间权重矩阵 W 的行标准化。本章选用 rook 方法建立 1 阶空间权重矩阵（假设海南与广西和广东两省相邻）。

Moran's I 测度考察变量的空间相似性，其值大于或等于负 1，小于或等于 1，其值为正，表明事物或现象在空间上存在正自相关，其值越大意味着空间相关性越强；反之，其值为负，表明事物或现象在空间上不相关；其值为 0，表明该空间服从随机分布；同时，需进行 Z 值显著性检验，根据 Z 值大小，在设定显著性水平下做出接受或拒绝零假设的判断（侯光雷等，2010；赵云泰等，2011）。Z 值是对 Moran 指数的显著性检验时采用的一个标准化的 Z 统计量，计算公式为：

$$Z = \frac{I - E(I)}{SD(I)} \tag{3.2}$$

其中 $E(I)$ 是理论上的均值，$SD(I)$ 是理论上的标准方差。在给定置信水平时，若 Moran's I 显著且为正，则表示碳排放水平较高的区域在空间上集聚。值越趋近于 1，区域碳排放的总体空间差异越小。反之，当 Moran's I 显著且为负，则表明区域与其周边地区的碳排放水平具有显著的差异。值越趋近于 -1，区域碳排放的总体空间差异越大。当且仅当 Moran's I 接近期望值 $-1/(n-1)$ 时，观测值之间才相互独立，服从于空间随机分布，此时，区域 Moran's I 差异才能用传统的方法度量。

（2）局域空间自相关分析

全局空间相关性分析是基于空间依赖性假定，分析空间同质导致的相关性。基于空间异质性假定的分析需进行局部空间自相关分析，可以帮助我们更准确地把握空间要素异质性特征。局部指标用于计算每一个空间单元与邻近单元中某一属性的相关程度。可以采用 Local Moran's I 统计量、Moran 散点图来分析每个区域与周边地区之间的空间差异程度。Anselin（1995）提出了局部

Moran's I 指数，或称 LISA（Local Indicators of Spatial Association），度量第 i 个区域与其周围地域单元之间的关联性，其计算公式为：

$$I_i = \frac{(X_i - \bar{X})\sum_j W_{ij}(X_j - \bar{X})}{\sum_j (X_j - \bar{X})^2} \quad (3.3)$$

式（3.3）中各符号含义与式（3.1）相同。Moran 散点图用以直观描述变量 Z 值与其空间滞后向量 $W_{ij}Z$ 间的相关关系。变量 Z 为散点图横轴，空间滞后向量 $W_{ij}Z$ 为纵轴。四个象限分别表示区域与邻近地区的关系。第一象限（高—高，记为 HH）：表示高碳排放水平的区域被高碳排放水平的其他区域所包围；第二象限（低—高，记为 LH）：表示低碳排放水平的区域被高碳排放水平的其他区域所包围；第三象限（低—低，记为 LL）：表示低碳排放水平的区域被低碳排放水平的其他区域包围；第四象限（高—低，记为 HL）：表示高碳排放水平的区域被低碳排放水平的其他区域所包围。第一、第三象限表示相似观测值之间的空间联系，表明所在象限内的对象或事物存在正相关关系，第二、第四象限表示差异较大的观测值之间的空间分布，表明所在象限的对象或事物存在着空间异质性。

3.2.2 全局空间自相关实证分析

利用 GeoDa 软件计算和绘制 1995—2015 年中国化石燃料燃烧人均碳排放和碳排放强度的空间自相关指数 Moran's I 值（见表 3-1 和图 3-11）。GeoDa 采用蒙特卡罗模拟的方法检验空间相关性的显著性，由表 3-1 可以知，各年碳排放强度和人均碳排放 Moran's I 值的 p 值远低于 0.05，说明在 99% 的置信度下空间自相关是显著的。各年 Moran's I 值的正态统计量 Z 的显著性水平上提供了显著的空间自相关证据。该结果表明碳排放强度和人均碳排放的空间分布在 1995—2015 年呈现为一种集聚趋势，表明全国碳放强度和人均碳排放具有空间正相关关系，表现出相似值之间的空间集聚，碳排放强度和人均碳排放低的省份相互靠近，碳排放强度和人均碳排放高的省份也相互靠近。总体来看，1995—2015 年人均碳排放 Moran's I 值要高于碳排放强度，Moran's I 值都略有增长，两者基本呈相同的变化趋势，空间集聚程度略有加大。大致可以分为三个阶段：1995—2002 年 Moran's I 值有所波动，但 Moran's I 值变化不大，基本维持在 0.2~0.25 之间，表明碳排放强度和人均碳排放空间聚集效应在小范围内波动；2002—2008 年 Moran's I 值处于上升阶段，Moran's I 值达到研究期内的最大值，表明碳排放强度和人均碳排放空间的关系增强，聚集效应明显；2008—2015 年 Moran's I 值变化幅度较小，但处于高位阶段碳排放强度和人均碳排放具有较高的空间相关性。

表 3–1　　　　中国省域碳排放强度和人均碳排放 Moran's I 值

年份	碳排放强度			人均碳排放		
	Moran's I 值	P 值	Z 统计量	Moran's I 值	P 值	Z 统计量
1995	0.2081	0.009	2.4629	0.2272	0.021	2.2934
1996	0.2665	0.010	2.5219	0.2187	0.023	2.227
1997	0.2659	0.009	2.7575	0.2471	0.020	2.4878
1998	0.1947	0.022	2.2225	0.2167	0.023	2.2179
1999	0.219	0.015	2.455	0.2656	0.015	2.6313
2000	0.2015	0.022	2.2552	0.274	0.013	2.6773
2001	0.2147	0.021	2.3619	0.2653	0.014	2.6063
2002	0.1972	0.031	2.2704	0.2357	0.020	2.3844
2003	0.2043	0.031	2.2685	0.2414	0.016	2.4608
2004	0.257	0.012	2.6607	0.3078	0.005	3.0485
2005	0.287	0.011	2.9529	0.3496	0.003	3.4135
2006	0.3427	0.002	3.434	0.3671	0.004	3.7438
2007	0.3142	0.005	3.1479	0.3845	0.003	3.7769
2008	0.3589	0.003	3.4665	0.4163	0.002	4.1136
2009	0.3321	0.004	3.1953	0.3988	0.002	3.9669
2010	0.3262	0.005	3.1692	0.3418	0.004	3.4292
2011	0.3491	0.004	3.4134	0.3733	0.002	3.8244
2012	0.3496	0.004	3.4073	0.37	0.002	3.484
2013	0.3342	0.006	3.2804	0.3497	0.002	3.5462
2014	0.3329	0.006	3.2646	0.3444	0.002	3.484
2015	0.3374	0.005	3.2971	0.3289	0.002	3.352

注：当 Z 值大于 2.58，通过 1% 的显著性水平检验；当 Z 值大于 1.96，通过 5% 的显著性水平检验。

总之，中国省域碳排放强度和人均碳排放并非是完全随机空间分布状态，呈现出显著的空间集聚特征。表明中国省域碳排放强度和人均碳排放的变化受空间相关性因素的影响较大，在进行模型估计时应当考虑空间因素，以降低估计偏误。

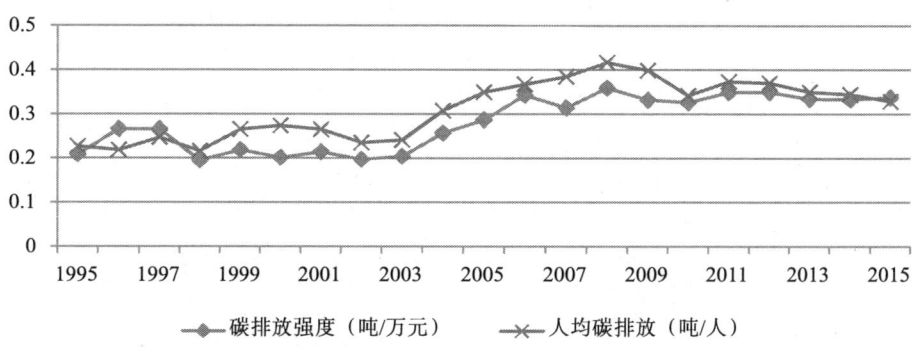

图3-11 中国省域碳排放强度和人均碳排放 Moran's I 值及变化趋势

3.2.3 Moran 散点图及 LISA 指标实证分析

全局空间自相关分析 Moran's I 值是从整体上分析事间的空间相关性，整体上分析有可能掩盖局部上的空间相关性。因此，需对省域碳排放强度和人均碳排放进行 LISA 分析，探讨其局部特征。LISA 指标分析是空间单元在 Moran's I 散点图中位置转移的连续表达，也是 LISA 马尔柯夫转移矩阵的一种连续性表达（YeXY, ReyS, 2013）。Moran's I 散点图是指在直角坐标系中以散点图的形式，描述空间单元某一属性标准化值 Z 与其空间滞后向量 WZ 之间的相关关系，以揭示局部空间的异质性，横坐标为标准化的观测值，纵坐标为空间权重矩阵加权后的碳观测值，即空间滞后碳排放强度或人均碳排放。

（1）碳排放强度

本书选取 1995 年、2005 年和 2015 年三个时间点来进行散点图和 LISA 指标分析，如图 3-12 所示。

1995 年散点图中，吉林、辽宁、山西、内蒙古、甘肃、河北、黑龙江、新疆、陕西、宁夏等 10 省区位于第 1 象限，表现为高碳排放强度—高空间滞后的正自相关关系的集群模式（HH），为正自相关关系，是高碳排放强度集聚省域；浙江、湖南、云南、天津、江苏、安徽、山东、湖北、江西、福建、广东、广西、海南、重庆、上海等 15 省市区位于第 3 象限，表现为低碳排放强度—低空间滞后的负自相关集群模式（LL），同样是正的空间自相关关系的集群，为低碳排放强度集聚省域；位于第 2 象限的河南、青海、北京、四川为

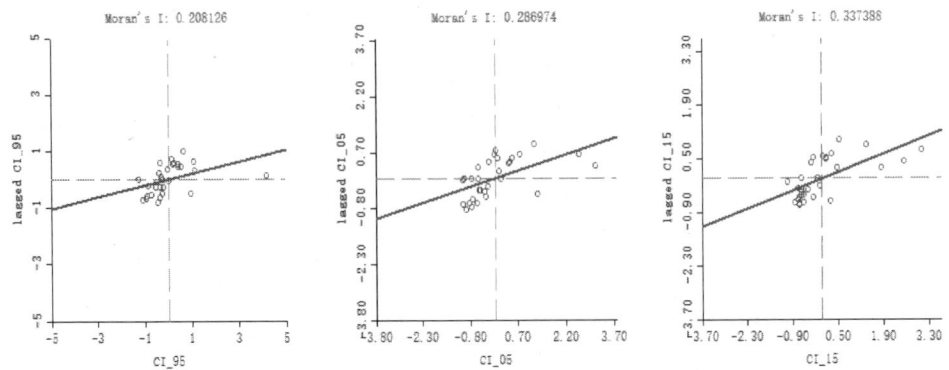

图 3-12　1995 年、2005 年和 2015 年省域碳排放强度散点图

低碳排放强度被高碳排放强度包围区域（LH），位于第 4 象限的贵州为高碳排放强度被低碳排放强度包围区域（HL），均为碳排放强度负的空间自相关关系。

2005 年散点图中，青海、内蒙古、新疆、陕西、宁夏、吉林、辽宁、山西、甘肃、河北等 10 省区位于第 1 象限，表现为正自相关关系（HH），是高碳排放强度集聚省域；山东、江苏、安徽、湖北、浙江、江西、湖南、福建、广西、广东、海南、天津、上海、北京等 14 省市区位于第 3 象限，同样是正的空间自相关关系的集群，为低碳排放强度集聚区（LL）；位于第 2 象限的黑龙江、河南、重庆、四川为低碳排放强度被高碳排放强度包围区域（LH），位于第 4 象限的云南、贵州为高碳排放强度被低碳排放强度包围区域（HL），均为碳排放强度负的空间自相关关系。

2015 年散点图中，湖南、江苏、内蒙古、甘肃、辽宁、山西、黑龙江、新疆、陕西、宁夏、青海、河北等 10 省区位于第 1 象限，表现为正自相关关系（HH），是高碳排放强度集聚省域；山东、安徽、湖北、浙江、江西、福建、广西、广东、云南、海南、重庆、天津、上海、北京、四川等 17 省市区位于第 3 象限，同样是正的空间自相关关系的集群，为低碳排放强度集聚区（LL）；位于第 2 象限的吉林、河南为低碳排放强度被高碳排放强度包围区域（LH），位于第 4 象限的贵州为高碳排放强度被低碳排放强度包围区域（HL），均为碳排放强度负的空间自相关关系。

表 3-2 表明中国省域间的碳排放强度具有一定的空间相关性，在空间分布上呈现"集聚"与"分异"并存，以空间"集聚"为主的时空演进特征。

高碳排放强度集聚区主要分布在以新疆、陕西、宁夏、辽宁、山西、内蒙古、青海、甘肃等为代表的东北和西北地区以及煤炭资源较为丰富的河北、山西、内蒙古等华北地区；低碳排放集聚区局主要分布在以山东、江苏、安徽、湖北、浙江、江西、湖南、福建、广东、海南、重庆、天津、上海等为代表的华东和华中地区。

表3-2　　　　　　　碳排放强度局部 Moran's I 省区分布①

年份	第一象限 HH	第二象限 LH	第三象限 LL	第四象限 HL
1995	黑龙江、新疆、陕西、宁夏、吉林、辽宁、山西、内蒙古、甘肃、河北（10）	河南、青海、北京、四川（4）	山东、江苏、安徽、湖北、浙江、江西、湖南、云南、福建、广东、广西、海南、重庆、天津、上海（15）	贵州（1）
2005	新疆、陕西、宁夏、吉林、辽宁、山西、内蒙古、青海、甘肃、河北（10）	黑龙江、河南、重庆、四川（4）	山东、江苏、安徽、湖北、浙江、江西、湖南、福建、广西、广东、海南、天津、上海、北京（14）	云南、贵州（2）
2015	黑龙江、新疆、陕西、宁夏、辽宁、山西、内蒙古、青海、甘肃、河北（10）	吉林、河南（2）	山东、江苏、安徽、湖北、浙江、江西、湖南、福建、广西、广东、云南、海南、重庆、天津、上海、北京、四川（17）	贵州（1）

ESDA 仅能从空间维度分析碳排放的空间格局及区域差异，从而在一定程度上忽视了研究单元碳排放的时间维度（Goodchild，Glennon，2008）。应当把时间因素融入到探索性空间数据分析中，实现探索性空间数据分析（ESDA）向探索性时空数据分析（Exploratory Space‑time Data Analysis，ESTDA）的转变（Rey，Janikas，2006）。

对 Moran's I 散点图的时空演化采用时空跃迁（Space‑time Transitions）测度法来深入分析三个时间点上碳排放空间关系的变化情况。根据各区域自身与邻域单元之间的碳排放转移状态将时空跃迁划分为类型 I（自身跃迁—邻域

---

① 表中括号内数值表示该年度散点图中所在象限省份的个数，下同。

稳定)、类型Ⅱ（自身稳定—邻域跃迁）、类型Ⅲ（自身跃迁—邻域跃迁）、类型Ⅵ（自身稳定—邻域稳定）四种类型。各省域碳排放强度的空间稳定性可以构建 S_t 指标衡量，计算方法为：

$$S_t = \frac{F_{0,t}}{n} \tag{3.4}$$

其中，$F_{0,t}$ 表示在 0 到 t 研究时间段内观测省区碳排放呈现类型Ⅵ跃迁的省区数量，实为未发生变动的省市区；n 为所有可能发生跃迁的省区数量，实为观测省区单元数。S_t 取值 [0, 1]，S_t 值越大，则表明中国碳排放的空间稳定性越强，跃迁阻力与困境越大。

表 3-3 显示了 1995—2005 年和 2005—2015 年两个时间段碳排放强度时空跃迁情况，各横项象限数值之和等于 0 期该象限的省市区数量，各列项象限之和等于 t 期该象限的省市区数量，对角线数值表示类型Ⅵ跃迁的省区数量。在 30 个省市区中，1995—2005 年有 24 个省市区属于类型Ⅵ跃迁，S_t 值为 80%，2005—2015 年有 25 个省市区属于类型Ⅵ跃迁，S_t 值为 83.3%，表明中国碳排放强度的空间稳定性较强，跃迁阻力与困境有加大的可能。从跃迁的方向来看，1995—2005 年主要迁到第Ⅱ和第Ⅳ象限，2005—2015 年主要迁到第Ⅲ象限，表明省域碳排放强度有空间集聚进一步加强的趋势。

表 3-3　　　　　省域碳排放强度时空跃迁情况

时间段		HH	LH	LL	HL
1995—2005 年	HH	9	1	0	0
	LH	1	2	1	0
	LL	0	2	12	1
	HL	0	0	0	1
2005—2015 年	HH	9	1	0	0
	LH	1	1	2	0
	LL	0	0	14	0
	HL	0	0	1	1

注：表中数值表示相应坐标象限中的省市区数量。

(2) 人均碳排放

以同样方法对人均碳排放的 Moran's I 散点图及跃迁路径进行实证分析，

如图3-13和表3-4、表3-5所示。由图3-13可知,人均碳排放空间集聚与分异并存,空间集聚特征大于空间分异,人均碳排放空间分异有扩大的趋势。总体上具有明显的空间集相关性。具体而言,HH区域主要为东北和华北地区,LL区域主要为中部和西南部地区。

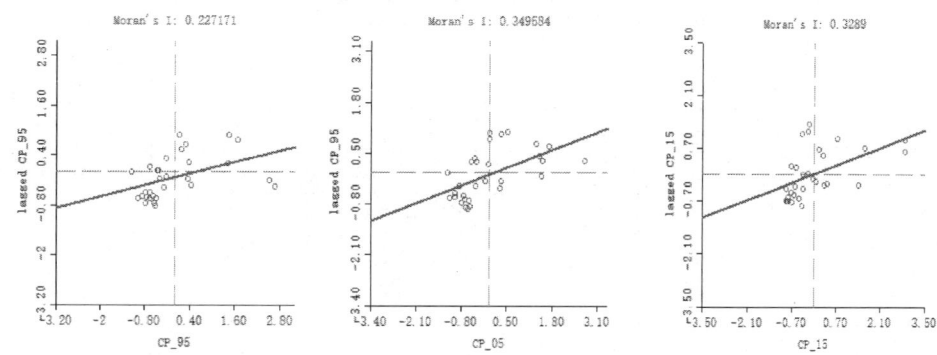

图3-13　1995年、2005年和2015年省域人均碳排放散点图

表3-4　　　　　　　　人均碳排放局部Moran's I省区分布

年份	第一象限HH	第二象限LH	第三象限LL	第四象限HL
1995	黑龙江、吉林、辽宁、内蒙古、河北、天津、北京（7）	江苏、河南、浙江、陕西（4）	山东、安徽、湖北、江西、湖南、海南、云南、福建、贵州、广东、广西、青海、甘肃、重庆、四川（15）	新疆、山西、宁夏、上海（4）
2005	黑龙江、山西、宁夏、辽宁、内蒙古、天津、河北、北京（8）	吉林、江苏、河南、甘肃、陕西（5）	安徽、湖北、江西、湖南、浙江、海南、云南、福建、贵州、广东、广西、青海、重庆、四川（14）	新疆、山东、上海（3）
2015	陕西、宁夏、辽宁、山西、内蒙古、河北（6）	黑龙江、吉林、河南、青海、甘肃、北京（6）	江苏、安徽、湖北、江西、湖南、浙江、海南、云南、福建、贵州、广东、广西、重庆、四川（14）	新疆、山东、天津、上海（4）

表3-5显示了1995—2005年和2005—2015年两个时间段人均碳排放时空跃迁情况,各横项象限之和等于0期该象限的省市区数量,各列项向象限之和等于t期该象限的省市区数量,对角线数值表示类型Ⅳ跃迁的省区数量。在

30个省市区中,1995—2005年有25个省市区属于类型Ⅵ跃迁,S_t值为83.3%,2005—2015年有24个省市区属于类型Ⅵ跃迁,S_t值为80%,表明中国省域人均碳排放的空间稳定性较强,但跃迁阻力与困境有减少的可能。

表3-5　　　　　　　　省域人均碳排放时空跃迁情况

时间段		HH	LH	LL	HL
1995—2005年	HH	6	1	0	0
	LH	0	3	1	0
	LL	0	1	13	1
	HL	2	0	0	2
2005—2015年	HH	5	2	0	1
	LH	1	3	1	0
	LL	0	1	13	0
	HL	0	0	0	3

注:表中数值表示相应坐标象限中的省市区数量。

全局空间自相关分析表明碳排放强度和人均碳排放均具有较强的空间相关性,人均碳排放空间相关性要大于碳排放强度空间相关性。从趋势来看,碳排放强度空间相关性有增强的趋势,而人均碳排放空间相关性有减弱的趋势。碳排放强度和人均碳排放都具有明显的空间集聚特征,碳排放强度高集聚区主要在以新疆、陕西、宁夏、辽宁、山西、内蒙古、青海、甘肃等为代表的东北和西北地区以及煤炭资源较为丰富的河北、山西、内蒙古等华北地区;低碳排放集聚区主要分布在以山东、江苏、安徽、湖北、浙江、江西、湖南、福建、广东、海南、重庆、天津、上海等为代表的华东和华中地区。人均碳排放高集聚区主要分布在东北、华北地区,低集聚区主要分布在中部地区和西南地区。

3.3　本章小结

以碳排放总量、碳排放强度和人均碳排放为碳排放指标,从全国、三大区域、30个省域三个空间尺度分析了碳排放特征和空间相关性,为本书的后续研究提供了经验支撑。碳排放变化趋势分析表明，在研究期内，3个碳排放指标的变化呈现阶段性特征，出现2个时间突变点，分别为2002年和2011年。省域比较分析表明，各省市区碳排放量和人均碳排放差距进一步扩大，呈现发散趋势，经济相对发达省域或能源型省域碳排放量和人均碳排放增长迅速，如山东、江苏、山西、内蒙古等，而经济欠发达且能源欠丰富的省域碳排放增量相对较少，如青海等。碳排放强度总体呈下降趋势，且各省域差距逐步缩小，呈收敛特征。因此，下文将构建模型，对碳排放强度的收敛性进行检验。区域比较分析表明，东部地区碳排放量和人均碳排放高于中部和西部地区，而东部地区碳排放强度低于中部和西部地区，东部碳排放效率较高，西部碳排放效率最低。ESDA分析表明，碳排放强度和人均碳排放均具有较强的空间相关性，碳排放强度的空间相关性有进一步增强的趋势。因此，在实证研究中应把空间因素纳入模型，以增加模型估计的效果和无偏性。

4

中国区域碳排放收敛性研究

经济发展不可避免地要付出一定的环境代价,这是发达国家在经济发展中已经验证的客观基本事实,也是中国经济在近 40 年高速发展中所面临的现实情况。在经济发展,人民群众追求美好生活过程中,碳基能源消耗是中国二氧化碳排放增加的主要来源,碳基能源消费导致的碳排放成为中国碳减排的主要对象。第 3 章分析表明区域能源消费碳排放区域差异明显,中国低碳经济发展不平衡不充分,有必要探讨碳排放量在时间和空间上的变化规律。那么中国区域碳排放是否存在收敛?区域碳排放是否会自动趋于某个或多个稳态水平?这是值得我们研究和探讨的具有重大意义的问题。之所以探讨这一命题,一是为了探究碳排放强度较高的地区下降速度是否更快,或者说碳效率提升速度会更快,还是会出现高碳排放区域愈高,低碳排放地区愈低的"马太效应"。二是可为制定和检验有关国家或区域节能减排政策提供参考,为制定合理的碳减排政策措施、实现碳减排目标和碳排放峰值承诺等提供较为科学的参考价值。

中国疆域辽阔,区域发展不平衡,各区域在经济规模、资源禀赋、人口等方面的差别都非常显著。例如国土面积上的差异,最大的新疆为 166 万平方公里,最小的上海为 0.63 万平方公里,前者是后者的 276 倍以上;人口总量上的差异,2015 年常住人口最多的广东为 10849 万人,最少的西藏为 324 万人,前者是后者的 33 倍以上;经济规模上的差异,2015 年 GDP(2005 年不变价)最大的广东为 4.9 万亿元,最小的青海为 0.16 万亿元,前者是后者的 290 倍以上；能源消费二氧化碳排放量上，2015年碳排放量最大的山东为13.28亿吨，最小的青海为0.54亿吨，前者是后者的24.5倍。因此，单纯从总量角度分析省域碳排放收敛性，尤其是σ收敛并无实质意义，本书从横向和纵向两个维度考察单位GDP碳排放量区域收敛性。

本书以碳排放强度指标来衡量碳排放收敛①，根据已有研究习惯，在没有特别说明的情况下，将碳排放强度收敛称为碳排放收敛。

"收敛"本为数学上的概念，后来引入到经济领域，用于测度国家或区域人均收入水平是否存在收敛或发散，之后其应用范围扩展到消费、贸易以及碳排放等领域。从数据考察的角度，可以把收敛分为两种类型②：一是σ收敛，从截面数据角度研究不同国家或区域在人均指标上的趋同，指不同国家或区域人均指标的离差随时间推移而趋于下降。二是β收敛，从时间序列角度研究不同国家或区域在人均指标发展速度上的趋同，指初期人均指标水平较低的国家或区域比初期人均指标水平较高的国家或区域以更快的速度增长，即不同国家或区域的人均指标增长率与初始人均指标水平负相关。β收敛又可以分为β绝对收敛、β条件收敛和俱乐部收敛③。

4.1 碳排放 σ 收敛

σ收敛是指各国或区域实际平均指标（人均GDP、人均碳排放、单位GDP碳排放等）的离差随时间的变化而逐步缩小，描述的是在绝对水平上，平均指标水平上的趋同，是国家或区域间平均指标水平分布在不同时点上，距平均指标水平均一化程度的度量，是平均指标水平差距缩小的趋势。σ收敛检验指标相对简单和直观，但比较粗糙。在实际研究中以检验β收敛为主，σ收敛作为先行收敛指标应用也较多。

碳排放σ收敛主要用来分析各个区域碳排放水平的离差，指的是各个区

---

① 之所以选择碳排放强度指标而排除人均碳排放指标研究碳排放收敛性，是由于碳排放强度指标比人均碳排放指标具有更加优良的特性，该指标包含了技术进步和经济增长等信息。
② 也有学者把收敛分为三种类型，即σ收敛、β收敛和俱乐部收敛。
③ 何雄浪等（2013）认为俱乐部收敛是β条件收敛的一种类型。

域碳排放水平的差距随着时间逐步缩小，最终碳排放强度较高的区域逐步趋同于碳排放强度较低的区域。衡量离差程度的指标包括标准差（SD）、变异系数（CV）、Theil 指数（T）等。本文区域碳排放的 σ 收敛采用标准差指标，如果标准差数值随时间下降，则说明存在 σ 收敛，表示为：

$$\sigma = \sqrt{\frac{1}{n}\sum_{1}^{n}(X_{i,t} - \overline{X}_t)^2} \quad (4.1)$$

其中，σ 为 n 个省市区或地区的碳排放数据的标准差，$X_{i,t}$ 为第 i 个省市区或地区第 t 年的碳排放数据，$\overline{X}_t$ 为 n 个省市区在第 t 年的碳排放的均值。标准差反映了碳排放数据的相对差异程度，标准差越大说明有越多的省市区或区域碳排放与其平均值之间的差异较大，存在发散。如果在第 t + T 年满足 $\sigma_{t+T} < \sigma_t$，则这 n 个省市区或地区的碳排放具有 T 阶段的 σ 收敛；若在 t 年以后的任意第 S 年里满足 $\sigma_{t+s} < \sigma_t$，则这 n 个省市区或地区具有一致 σ 收敛。

由碳排放强度 σ 值的变化曲线图（见图 4-1）可知，全国（30 省区市）碳排放强度在研究期间不存在 σ 收敛，但大体可以分为三个时期：1995—2001 年出现 σ 阶段收敛，2002—2003 年出现短期 σ 发散，2004—2015 年呈现 σ 收敛，尽管期间有小幅波动。三大区域内部，东部地区 11 省市碳排放强度 σ 收敛趋势明显，碳排放强度差异较小，2004—2005 年标准差有小幅波动；中部地区 8 省碳排放强度总体呈现 σ 收敛趋势且较为明显，只是在 1998 年和 2002 年标准差出现上升；西部 11 省市区整体来看，碳排放强度 σ 收敛不明显，呈现发散特征。三大区域碳排放强度差异很小，碳排放强度标准差在 1 左右，整体上呈 σ 收敛趋势。

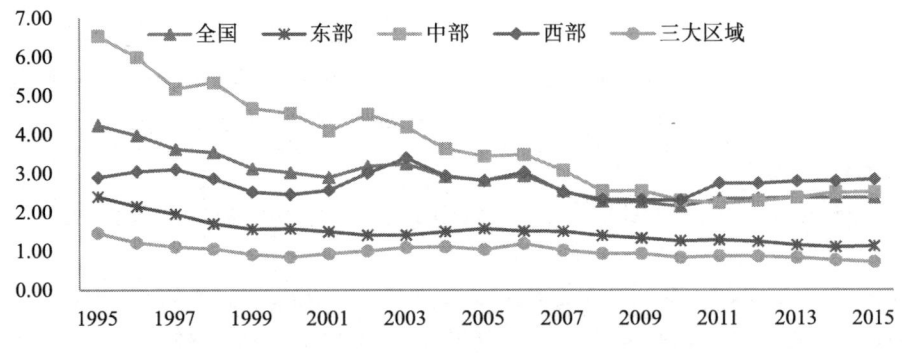

图 4-1 1995—2015 年碳排放强度 σ 值的变化曲线

4.2 碳排放 β 收敛模型

与 σ 收敛平均指标水平差距逐渐缩小不同，β 收敛是从平均指标增长（下降）速度角度来度量，即平均指标水平落后地区比先进地区增长或下降速度更快，但其平均指标水平不一定趋于一致。也就是说，如果某区域在某指标上存在 σ 收敛，则一定也存在 β 收敛，但存在 β 收敛，σ 收敛不一定成立。因此，β 收敛是 σ 收敛的必要非充分条件，σ 收敛是 β 收敛的充分非必要条件。

4.2.1 传统碳排放 β 收敛模型

收敛假说是经济增长研究的核心内容之一，通过构建收敛模型验证区域经济增长是否存在"稳态"和"条件收敛"。β 收敛可以分为 β 绝对收敛、β 条件收敛和俱乐部收敛三种类型。

（1）碳排放 β 绝对收敛

β 绝对收敛（Absolute Convergence）指如果社会经济发展时间足够长，各区域碳排放强度都将收敛于相同的碳排放强度。这是由于碳排放强度水平较高的区域的下降速度往往比碳排放强度水平较低的区域更快。这与各区域初始碳排放水平、经济总量、能源资源禀赋、产业结构、体制政策、技术水平无关，碳排放都将收敛于相同的均衡稳态水平。β 绝对收敛隐含着严格的假定条件，包括相同的产业结构、能源消费结构、清洁生产技术水平以及政府行为等。在这样完全相同的条件下，不同的区域碳排放会有相同的稳态。根据 Barro R. J.、Blanchard O. J.、Hall R. E.（1991）给出的收敛模型，定义碳排放 β 绝对收敛模型如下：

$$\frac{1}{T}\ln\left(\frac{CI_{i,t+T}}{CI_{i,t}}\right) = a + \beta\ln CI_{i,t} + \varepsilon_{i,t} \quad \varepsilon:N(0,\sigma^2) \tag{4.2}$$

其中，i 表示不同的区域，t 表示初始期，$CI_{i,t+T}$、$CI_{i,t}$ 分别表示第 t+T 期和第 t 期的碳排放强度。a 为常数项，$\varepsilon_{i,t}$ 是满足正态独立同分布的随机扰动项，β 为估计系数。β = -(1 - e^{-θT})，θ 表示收敛速度，若回归结果显示 β 小于 0 且显著，则表明在时间段 T 内存在绝对收敛，碳排放强度高的区域下降速度要快于碳排放强度低的区域。

(2) 碳排放 β 条件收敛

β 条件收敛（Conditional Convergence）则认为各区域在碳排放水平上都有一个均衡水平，这个均衡水平取决于各自发展相关的各种条件。而各区域的碳排放发展速度则取决于当前发展水平与均衡水平的差距。不是碳排放强度越高的区域碳排放强度下降速度越快，因为碳排放强度高的区域的均衡水平可能本身也更高，而是离本区域均衡水平差距越大的区域碳排放强度下降速度越快。碳排放 β 条件收敛考虑了不同区域的人口、经济增长、能源结构、技术进步、城镇化率、产业结构、国际贸易等多个方面存在的差异，意味着不同区域的碳排放将收敛于各自的稳定状态。在区域碳排放 β 绝对收敛模型的基础上，加入适当的控制变量，将 β 绝对收敛转换为 β 条件收敛。区域碳排放 β 条件收敛模型的表达式如下所示：

$$\frac{1}{T}\ln\left(\frac{CI_{i,t+T}}{CI_{i,t}}\right) = a + \beta \ln CI_{i,t} + cZ_{i,t} + \varepsilon_{i,t} \quad \varepsilon:N(0,\sigma^2) \qquad (4.3)$$

其中，$Z_{i,t}$ 表示模型中加入的控制变量，β 和 c 分别为收敛系数和控制变量的估计系数，若 β 小于 0 且显著，则表示碳排放强度存在条件收敛特征。

从上述方程与概念可以看出绝对收敛与条件收敛的区别，前者意味着各区域碳排放最终达到相同的稳态水平，碳排放区域差距消失；后者则意味着受其他因素影响，各区域碳排放收敛于各自的均衡状态，碳排放区域差距仍然存在。因此，同时考虑绝对收敛和条件收敛能够使我们更好地探究碳排放收敛性是内在机制还是外在因素造成的。

(3) 碳排放俱乐部收敛

俱乐部收敛（Club Convergence）指不同区域依其初始条件差异，会在发展上形成不同的俱乐部，有各自区域的稳态，俱乐部内部条件相似的区域在发展上会出现收敛。俱乐部假设强调初始状态的差异，它并非是说每一个不同的初始值就会导致一个不同的均衡状态，而是说有些初始值的范围可以导致不同的均衡状态。碳排放俱乐部收敛表明，结构特征相同的区域碳排放也不一定收敛于同一稳态水平，碳排放的最后水平部分决定于初始状态。

4.2.2 碳排放空间收敛模型

以上收敛模型未考虑空间因素的影响，在现实估算中可能会出现偏误。第3章研究表明中国区域碳排放强度存在较强的空间相关性，因此需构建碳排放强度空间收敛模型。空间经济计量的两种基本的模型分别是空间自回归模型[①]，也叫空间滞后回归模型（Spatial Lag Model，SLM）（Haining R P, 1993）和空间误差模型（Spatial Error Model，SEM）（Anselin L, 1988）。

（1）空间滞后回归模型

加入空间自回归项，碳排放强度 β 绝对收敛和 β 条件收敛的空间自回归模型的方程式为：

$$\frac{1}{T}\ln\left(\frac{CI_{i,t+T}}{CI_{i,t}}\right) = a + \rho W\ln\left(\frac{CI_{i,t+T}}{CI_{i,t}}\right) + \beta\ln CI_{i,t} + \varepsilon_{i,t} \quad \varepsilon:N(0,\sigma^2) \quad (4.4)$$

$$\frac{1}{T}\ln\left(\frac{CI_{i,t+T}}{CI_{i,t}}\right) = a + \rho W\ln\left(\frac{CI_{i,t+T}}{CI_{i,t}}\right) + \beta\ln CI_{i,t} + cZ_{i,t} + \varepsilon_{i,t} \quad \varepsilon:N(0,\sigma^2) \quad (4.5)$$

其中，W 为 n×n 阶的空间权重矩阵，本书为 30 × 30 阶矩阵，反映 30 个相邻地区之间相互关系网络结构的一个矩阵；$W(\ln CI_{i,t+T} - \ln CI_{i,t})$ 为碳排放强度空间滞后因变量；ρ 为空间自回归系数，用来衡量各区域空间相互作用的大小，其他变量意义不变。

模型既包含了因变量的一阶空间自相关，又包含了外生的自变量，因此模型称为空间滞后模型，也叫空间自回归模型。SLM 模型适用于研究当一个机构或地区的经济行为受其邻近区域经济行为溢出影响的情形，在本书中则表示某区域碳排放强度下降速度不仅受自身区域因素影响，也受邻近区域碳排放强度变化率的影响。

（2）空间误差模型

将空间自回归项（空间滞后因子）设置在误差项中，即研究对象之间的空间关系通过模型误差项的空间自相关来体现。空间误差模型适用于研究邻近

[①] 实证中可以构建多种空间计量模型，主要是根据空间相关性设置来区分，如被解释变量中设置空间相关性、解释变量中设置空间相关性、误差项中设置空间相关性、多处设置空间相关性等。本书分析两种最为常见的空间计量模型即在被解释变量中设置空间相关性—空间滞后模型，在误差项中设置空间相关性—空间滞后模型。

区域之间的相互作用因所处的相对位置不同而存在差异的情况。碳排放强度 β 绝对收敛 SEM 方程式为：

$$\frac{1}{T}\ln\left(\frac{CI_{i,t+T}}{CI_{i,t}}\right) = \alpha + \beta\ln CI_{i,t} + \varepsilon_{i,t}, \quad \varepsilon_{i,t} = \lambda W\varepsilon_{i,t} + u_{i,t} \quad u:N(0,\sigma^2) \quad (4.6)$$

其中，α、β 和 λ 是待估参数，β 可以表明地区收敛是否存在，λ 表达了回归残差之间空间关联的强度。$\varepsilon_{i,t}$ 表示模型的误差项，$u_{i,t}$ 是空间不相关的随机变量。

进一步整理模型可得：

$$\frac{1}{T}\ln\left(\frac{CI_{i,t+T}}{CI_{i,t}}\right) = \alpha + \beta\ln CI_{i,t} + (1-\lambda)^{-1}u_{i,t} \quad u:N(0,\sigma^2) \quad (4.7)$$

式（4.7）表明一个地区的随机冲击不仅影响本地区碳排放强度变化率，而且通过空间转换矩阵的逆矩阵对其他所有地区的增长率也具有影响。也就是说，在空间误差模型中，如果一个地区的长期碳排放强度变化率受到某种长期冲击的影响，那么这种冲击也会对邻近地区的长期碳排放强度变化率产生影响。

同理，碳排放强度 β 条件收敛的空间误差模型可以写成以下形式：

$$\frac{1}{T}\ln\left(\frac{CI_{i,t+T}}{CI_{i,t}}\right) = a + \beta\ln CI_{i,t} + cZ_{i,t} + (1-\lambda)^{-1}u_{i,t} \quad u:N(0,\sigma^2) \quad (4.8)$$

4.3 省域碳排放强度 β 收敛实证检验

4.3.1 数据来源与说明

（1）数据来源与说明

碳排放相关数据为本书第 2 章所测算数据，其他数据来源于中经网统计数据库。其他数据包括人均地区生产总值、地区年末人口、地区三次产业结构、地区城市化率、地区能源消费结构、地区进出口总额、地区科技水平，时间跨度为 1995—2015 年。

数据处理及变量说明如下：

①地区人均生产总值（PGDP）。为较为真实地反映各地区生产总值变动趋势，各地区历年生产总值按照以上一年为基期计算的地区生产总值指数，得到 GDP 平减指数，用来对地区生产总值进行价格因素剔除，名义 GDP 和 GDP 平价指数相乘，计算各省的实际地区生产总值，最终得到 2005 年不变价格地区生产总值。再以 2005 年不变价格地区生产总值除以相应地区对应年份的年末人口得到 2005 年不变价地区人均生产总值。

②地区年末人口（POP），指该地区年末常住人口。

③地区三次产业结构（IS）。由于农业在国民经济中所占比重逐年减小，第三产业产值比重上升幅度超过第二产业产值上升幅度。本书以第三产业产值与第二产业比值作为产业结构指标，更能反映产业结构对碳排放影响的敏感性。

④地区城市化率（URB），指地区年末城镇人口与地区年末人口比值。

⑤地区能源消费结构（ES），以历年《中国能源统计年鉴》"分地区分能源品种能源消费量"中"煤炭和焦炭消费量"与"能源合计"比值作为地区能源消费结构代理变量。重庆 1995 年和 1996 年能源消费结构等同四川能源消费结构；海南 2002 年分品种能源消费数据、宁夏 2001 年和 2002 年能源消费数据缺失，本书对能源消费结构数据进行平滑插值处理。

⑥地区进出口总额（PORT），以各地区进口总额与出口总额之和表征开放型经济对能源消费碳排放的影响，单位为亿美元。

⑦地区科技水平（TECH），以技术合同成交额（亿元）为科技水平的代理变量，主要是基于以下两个原因：一是技术市场在科技成果转化过程中发挥着重要的渠道作用，在优化生产要素配置、促成产业结构调整以及促进经济增长等方面起着重大的作用，毋庸置疑，也影响着节能减排的成效。只有有价值的技术成果才会形成技术合同的成交额，最终使技术成果进入生产活动实现转化。二是各地区技术合同成交额数据的可得性，科技水平一般以专利数量、科研人员数量、R&D 经费投入等指标衡量，现有统计资料没有完整的 30 个省市区 1995—2015 年这些指标的数据。

（2）模型选择

依据误差成分分解的不同，面板模型分为随机效应面板模型和固定效应面板模型。选择固定效应模型研究中国区域碳排放收敛性理由如下：其一，随机效应模型假定解释变量与固定效应不相关，对于收敛性研究而言这个假设要求过高（约翰斯顿和迪纳尔多，2002）。其二，当研究样本随机从总体中抽取时，随机效应模型优于固定效应模型，而当回归分析局限于一些特定的个体时（如中国省域单位），固定效应模型估计效果更好（陶长琪，2012）。固定效应面板模型根据固定的两类非观测效应，分为空间固定效应模型、时间固定效应模型和空间时间双固定效应模型。空间固定效应模型反映随区位变化，但不随时间变化的非观测变量（如不可衡量因素和自然禀赋等）对稳态水平的影响。时间固定效应模型体现了随时间变化，但不随空间变化的非观测变量（如经济周期和发展政策等）对稳态水平的影响。

在证实存在空间相关性的前提下，确定使用固定效应面板模型，则需进一步在空间自回归模型和空间误差模型进行选择，理论上真实总体回归模型具有"唯一性"或相对唯一性的特点（李子奈，2008）。参考 Anselin 等（1996）提出的空间误差模型和空间自回归模型的判别准则和陶长琪、杨海文（2014）的研究结论，本书以 LM 检验对 SEM 和 SLM 模型进行选择。先对不含空间效应的方程进行 OLS 回归，得到回归模型的残差，再计算残差的 LM – Lag 和 LM – Error 统计量及其显著性。如果这两个统计量都不显著，保留 OLS 回归结果，表明空间计量模型设置存在问题。如果 LM – Error 显著，则选择空间误差模型；如果 LM – Lag 显著，则选择空间滞后模型；如果两者都显著，则进行稳健 LM 诊断。如果 Robust LM – Error 显著，则选择 SEM 模型；若 Robust LM – Lag 显著，则选择 SLM 模型。

（3）空间权重矩阵构建

地理学第一定律（Tobler's First Law）认为地理事物或属性在空间分布上互为相关，但邻近事物的相关性要大于远距离事物，表现为空间相关性和空间异质性。空间模型估计结果在很大程度上依赖于空间权重矩阵选择，这是空间计量模型与传统计量模型的主要区别。在空间计量模型实证研究中，对空间权重矩阵的设定是整个研究中至关重要的一环（朱平芳等，2011），空间计量模型的最终估计结果和解释力都与空间权重矩阵构建是否合理密切相关（Chen，2009）。因此，运用空间计量模型的首要步骤是恰当合理地确定空间权重矩阵，权重矩阵的选择正确与否关系模型的最终估计结果。空间权重矩阵构建方法大致可以分为三种类型：一是仅考虑地理因素，根据事物在空间上是否有共同的边界、邻近或距离构建空间权重矩阵。这类方法由于易于理解、方便构建，因而应用较为广泛。一般是基于邻近原则和距离原则，如 Rook 型和 Queen 型空间权重矩阵、Rook 型和 Queen 型 k 阶空间权重矩阵以及距离衰减型空间权重矩阵。二是仅考虑非地理因素即经济和社会因素，根据研究的需要选定某一因素构建空间权重矩阵，如经济权重矩阵。这类矩阵构建方法的优点是根据研究对象有针对性地构建权重矩阵，更能体现实物间的空间相关性，缺点是缺少空间地理方面的信息，带有一定的主观性。三是综合考虑以上两类因素，在根据邻近原则构建空间权重矩阵的同时，根据研究的需要考虑非地理因素，如地理—经济权重矩阵。

本书研究区域碳排放空间收敛问题，参考孙耀华等（2014）方法，构建空间—煤炭空间权重矩阵，构建方法如下：

首先，根据邻近原则构建 Queen 型 1 阶空间权重矩阵 W_1。Queen 空间权重矩阵考虑了共同边界之外还考虑了共同顶点，一般要比 Rook 空间权重矩阵有更多的邻居，更能反映事物间的空间关系。其次，构建煤炭产量权重矩阵 W_2。二氧化碳排放源主要来自化石燃料的燃烧，而中国"多煤、贫油、少气"的能源现状，使得中国能源消费结构中煤炭占比在 70% 以上。由于煤炭是相对比较"经济"的能源，理性经济人以最小成本投入获得最大产出。中国煤炭资源禀赋空间分布不均，基于距离运输成本等因素考量，空间距离制约着煤炭资源省域间的调入或调出，进而影响煤炭能源在能源消费结构中的比重，从而影响省域间碳排放量。本书构建以省域煤炭生产总量与地区生产总值比值指标 R 为权重的煤炭权重矩阵 W_2，具体公式为：

$$W_2 = \begin{cases} |\overline{R}_i - \overline{R}_j|, & i \neq j \\ 0, & i = j \end{cases} \tag{4.9}$$

其中，$\overline{R}_i = \dfrac{1}{21}\sum_{i=1995}^{2015} R_i$，则空间—煤炭 W_* 矩阵可表示为：

$$W_* = W_1 \times W_2 \tag{4.10}$$

再把空间—煤炭矩阵 W_* 中的所有元素除以归一化因子 $\sum\sum W_{ij}$，本书实证中空间权重矩阵均做了归一化处理。

4.3.2 实证检验与结果分析

为了与空间计量模型进行比较和选择最优模型，首先用最小二乘法

(OLS) 对式 (4.2) 和式 (4.3) 进行回归，用计量经济学中最普遍的最小二乘法而不引入空间权重矩阵。为保证模型回归结果的全面性和可比性，同时列出了混合模型、地区固定效应模型、时间固定效应模型和双向固定效应模型的估计结果。

模型引入人均 GDP、产业结构、能源结构等其他控制变量，则演变成 β 条件收敛模型。先用 OLS 方法对传统面板数据模型进行回归以估计空间计量模型是否合适，一般使用最大似然法 LM 来估计（Anselin, Hudak, 1992）。为了确定空间相关性的形式，需要对 SLM 模型和 SEM 模型进行选择，分别进行稳健的 LM 诊断。

（1）传统面板数据模型的计量结果与模型选择

根据式（4.2）和式（4.3），利用 MatlabR2014a 软件对中国省域 1991—2015 年碳排放强度 β 绝对收敛和 β 条件收敛进行 OLS 回归残差检验，如表 4-1 和表 4-2 所示。β 绝对收敛模型中，混合模型的拟合优度的判定系数为 0.1404，加入空间和时间固定效应后模型拟合优度在时间固定效应模型和双向固定效应模型中都有所提高，分别为 0.5591 和 0.3304。同理，β 条件收敛模型中，混合模型拟合优度判定系数为 0.5738，加入空间和时间固定效应后模型拟合优度在空间固定效应模型、时间固定效应和双向固定效应模型中都有所提高，分别为 0.6476、0.5819 和 0.6522。不论 β 绝对收敛模型还是 β 条件收敛模型，混合效应模型的 Durbin-Watson 统计量和对数似然函数值都小于加入了空间和时间固定效应的三个模型。因此，应采用固定效应模型进行回归。

表 4-1 和表 4-2 给出了普通面板数据模型的空间相关性检验结果。β 绝对收敛模型中，LM 检验显示，三个加入固定效应的回归模型的 LM-Lag 和 LM-Error 都显著，说明中国省域碳排放强度存在空间相关性，相邻省市区在碳排放强度变化过程中相互作用，相互影响。空间固定效应的 Robust LM-Lag 统计量显著性低于 Robust LM-Error 统计量，时间固定和双向固定效应的 Robust LM-Lag 统计量不显著而 Robust LM-Error 统计量均显著，这表明空间误差模型要优于空间滞后模型。β 条件收敛模型中，LM 检验显示三个加入固定效应回归模型 LM-Lag 和 LM-Error 都显著，说明中国省域碳排放强度存在空间相关性，相邻省市区在碳排放强度变化过程中相互作用，相互影响。空间固定效应和双向固定效应的 Robust LM-Error 统计量不显著而 Robust LM-Lag 统计量显著，表明应采用空间滞后模型；时间固定效应的 Robust LM-Error

表4-1　传统面板数据模型碳排放强度 β 绝对收敛 OLS 估计与检验结果

变量	混合	空间固定效应	时间固定效应	双向固定效应
$lnCI_{i,t}$	0.4416 ***	-0.1313	0.6191 ***	1.1273 ***
	(9.8849)	(-1.2609)	(27.5592)	(17.1907)
R^2	0.1404	0.0026	0.5591	0.3304
Log-L	-566.6912	-547.1991	-130.6275	-91.4250
Durbin-Watson	0.3523	0.5456	1.2815	1.1619
LM-Lag	593.1930 ***	572.3999 ***	15.3180 ***	65.4093 ***
Robust LM-Lag	14.4209 ***	125.0354 **	1.2332	1.4365
LM-Error	716.5971 ***	554.3246 ***	42.8914 ***	78.3863 ***
RobustLM-Error	137.8250 ***	106.9601 ***	28.8067 ***	14.4136 ***

注：括号中数为 T 检验值，*、** 和 *** 分别表示 10%、5% 和 1% 的显著性水平，模型估计、空间自相关检验使用 MatlabR2014a 软件。

表4-2　传统面板数据模型碳排放强度 β 条件收敛的 OLS 估计与检验结果①

变量	混合	空间固定效应	时间固定效应	双向固定效应
$lnCI_{i,t}$	0.7709 ***	1.3250 ***	0.5408 ***	0.8534 ***
	(12.3068)	(11.6466)	(12.4924)	(9.3891)
R^2	0.5738	0.6476	0.5819	0.6522
Log-L	-356.2095	-235.0957	-114.6821	-31.2000
Durbin-Watson	0.8897	0.8993	1.2893	1.2834
LM-Lag	351.6511 ***	403.0755 ***	59.2220 ***	112.1984 ***
Robust LM-Lag	51.5963 ***	95.5615 ***	1.6715	32.5406 ***
LM-Error	314.0722 ***	308.7088 ***	108.0617 ***	80.6336 ***
RobustLM-Error	14.0174 ***	1.1948	50.5112 ***	0.9758

注：括号中数为 T 检验值，*、** 和 *** 分别表示 10%、5% 和 1% 的显著性水平，模型估计、空间自相关检验使用 MatlabR2014a 软件。

统计量显著而 Robust LM-Lag 统计量不显著，表明空间误差模型要优于空间

---

① OLS 估计与检验的目的是确定模型的类型，且 OLS 回归结果表明不存碳排放强度 β 绝对收敛和 β 条件收敛，故在表4-2中 β 条件收敛未列出控制变量的回归系数及其显著性水平，下同。

滞后模型。

OLS 回归结果表明，β 绝对收敛模型中，空间固定效应模型 $lnCI_{i,t}$ 的估计系数小于 0，但不显著，其他模型 $lnCI_{i,t}$ 的估计系数显著为正，表明在不考虑空间相关性情况下，碳排放强度不存在 β 绝对收敛；同理，在 β 条件收敛模型中，四个模型 $lnCI_{i,t}$ 系数显著为正，碳排放强度不存在 β 条件收敛。

(2) 省域碳排放强度收敛性空间计量检验

OLS 回归结果表明中国省域碳排放强度存在空间相关性，且省域碳排放强度不存在收敛即呈现发散趋势。那么在考虑了空间相关性的情况下省域碳排放强度是否存在收敛呢？省域碳排放强度空间面板 β 绝对收敛和 β 条件收敛模型回归结果如表 4-3 所示。表 4-3 中，空间滞后项 Spat. aut. 和空间误差项 W * dep. var. 的统计量均通过了 1% 显著水平的检验，表明省域碳排放强度存在空间相关性，引入空间因素到模型中具有一定的必要性。考虑空间相关性后，空间计量模型回归结果表明，表 4-3 中模型拟合优度的判定系数值比表 4-1 和表 4-2 普通面板数据模型均有大幅度改进，且对数似然函数值 Log-L 也明显高于普通面板数据模型。除 β 绝对收敛空间固定效应模型外，较之普通面板数据模型，空间计量模型回归结果的正负均未发生改变，大部分变量的回归系数的 T 检验值均有所改进，这表明空间计量模型的回归结果对普通面板数据模型做了较好的修正。

表 4-3　空间面板收敛模型碳排放强度 β 绝对收敛和 β 条件收敛的估计与检验结果①

变量 (统计量)	β 绝对收敛			β 条件收敛		
	空间固定 (SEM)	时间固定 (SEM)	双向固定 (SEM)	空间固定 (SLM)	时间固定 (SEM)	双向固定 (SLM)
$lnCI_{i,t}$	1.2477 *** (23.6232)	0.6588 *** (27.3301)	1.2250 *** (22.7740)	1.040 *** (13.5354)	0.6142 *** (15.0364)	0.9637 *** (12.2778)
Spat. aut.	0.9030 *** (69.4234)	0.5230 *** (13.1368)	0.5990 *** (16.6946)	—	0.5320 *** (13.5121)	—

① 在省域空间面板收敛模型中采用 Queen 型 1 阶空间矩阵 W_1 和空间—煤炭 W_2 两种空间权重矩阵进行 β 绝对收敛和 β 条件收敛模型回归所得结论一致，未做特别说明情况下空间计量回归所有的空间权重矩阵为 Queen 型 1 阶空间矩阵。

续表

变量 （统计量）	β 绝对收敛			β 条件收敛		
	空间固定 （SEM）	时间固定 （SEM）	双向固定 （SEM）	空间固定 （SLM）	时间固定 （SEM）	双向固定 （SLM）
W * dep. var	—	—	—	0.6970*** （29.4971）		0.5220*** （14.4321）
R^2	0.0994	0.7980	0.8230	0.8794	0.8055	0.8914
Log – L	–68.6706	–70.1847	–2.5956	–23.0144	–55.0205	–31.1343

注：括号中数据为 T 检验值，*、** 和 *** 分别表示 10%、5% 和 1% 的显著性水平，模型估计、空间自相关检验使用 MatlabR2014a 软件。

从省域空间面板收敛模型比较来看，加入空间相关性后，β 绝对收敛和 β 条件收敛模型中，双向固定空间误差模型和双向固定空间滞后模型拟合优度判定系数值和对数似然函数值 Log – L 均优于另外两类模型。模型 $lnCI_{i,t}$ 估计系数显著为正，表明在不考虑空间相关性的情况下，碳排放强度不存在 β 绝对收敛；同理，在 β 条件收敛模型中，所有模型 $lnCI_{i,t}$ 估计系数显著为正，碳排放强度不存在 β 条件收敛。以上回归结果表明考虑空间相关性后，空间计量模型各统计量相比传统面板数据模型都有所改进，但空间面板收敛模型所估计的系数 β 估计值都显著为正，表明在 1995—2015 年研究期内，中国省域碳排放强度不存在 β 绝对收敛和 β 条件收敛。

省域碳排放强度 β 收敛实证检验表明，中国省域碳排放强度具有显著的空间相关性，OLS 方法估计结果存在有偏性；考虑空间相关性进行空间计量回归后，空间计量模型拟合优度判定系数值和对数似然函数值比传统面板数据模型均有一定的改进，但在 1995—2015 年研究期内，中国省域碳排放强度不存在 β 绝对收敛和 β 条件收敛。表明中国省域碳排放强度不会自动下降到统一的"稳态"水平或者各自的"稳态"水平。因此，在碳减排过程中，政府实施节能减排、产业结构和能源结构调整等政策干预是必不可少的。

4.4 三大区域碳排放强度空间 β 绝对收敛

4.4.1 传统面板数据模型的计量结果与模型选择

为了与空间计量模型进行比较和选择最优模型,首先用最小二乘法(OLS)根据式(4.2)和式(4.3)对三大区域碳排放强度进行回归,用计量经济学中最普遍的最小二乘法而不引入空间权重矩阵。为保证模型回归结果的全面性和可比性,本书同时列出了混合模型、地区固定效应模型、时间固定效应模型和双向固定效应模型的估计结果,见表 4-4。

表 4-4 传统面板数据模型三大区域碳排放 β 绝对收敛的估计与检验结果

		$\ln CI_{i,t}$	R^2	Log-L	D-W	LM-Lag	RLM-Lag	LM-Error	RLM-Error
东部地区	混合效应	-0.0280** (-2.2642)	0.0230	222.6349	1.8590	2.5204	6.0843**	1.8101	5.3740**
	空间固定	-0.0656*** (-3.3730)	0.0494	242.6740	1.6646	3.1359*	0.1346	3.3931**	0.3918
	时间固定	-0.0271*** (-2.2913)	0.0234	242.3746	2.1627	0.7503	6.6592*	1.3147	6.5209**
	双向固定	-0.0757*** (-2.2913)	0.0599	267.2518	2.0048	1.3032	0.0144	1.3672	0.0784
中部地区	混合效应	-0.0183 (-1.5991)	0.0159	183.7776	1.5391	8.004***	0.0243	7.9924***	0.0127
	空间固定	-0.1040*** (-4.1281)	0.0968	191.8517	1.4961	6.7042**	2.7240*	8.3081***	4.3279**
	时间固定	-0.0068 (-0.6634)	0.0218	124.3654	2.1264	0.4939	0.9613	0.4423	0.9070
	双向固定	-0.2297*** (-4.4703)	0.1116	225.1946	2.0705	0.5051	0.8040	0.9127	1.2117

续表

		$\ln CI_{i,t}$	R^2	Log – L	D – W	LM – Lag	RLM – Lag	LM – Error	RLM – Error
西部地区	混合效应	0.0053 *** (0.4590)	0.0010	229.6416	1.6222	10.3619 ***	1.0153	10.2141 ***	0.8674
	空间固定	-0.0683 *** (-4.4703)	0.0243	237.5073	1.6013	11.7447 **	3.9151 **	13.9069 ***	6.0072 **
	时间固定	0.0085 (0.7996)	0.0029	256.8120	2.0219	0.9866	3.2186 *	1.1271	3.3591 **
	双向固定	-0.1080 *** (-4.4703)	0.0370	267.4150	2.0021	0.7136	1.4753	0.5017	1.2643

注：括号中数据为 T 检验值，*、** 和 *** 分别表示 10%、5% 和 1% 的显著性水平，模型估计、空间自相关检验使用 MatlabR2014a 软件。

(1) 东部地区

东部地区 OLS 回归结果表明：东部地区 β 绝对收敛模型中，混合模型拟合优度判定系数为 0.0230，加入空间和时间固定效应后，拟合优度判定系数在其他三个模型中都有所提高，分别为 0.0494、0.0234 和 0.0599。除空间固定效应模型的 Durbin – Watson 统计量外，混合效应模型的 Durbin – Watson 统计量和对数似然函数值都小于加入了空间和时间固定效应的三个模型，表明中国东部地区碳排放强度存在空间相关性，相邻省市区在碳排放强度变化过程中相互作用，相互影响。因此，东部地区应采用固定效应模型进行回归。四个模型 $\ln CI_{i,t}$ 估计系数都显著为负，表明在未考虑空间相关性的情况下，东部地区碳排放具有 β 绝对收敛特征。

表 4 – 4 中给出了普通面板数据模型的空间相关性检验结果。LM 检验显示空间固定效应模型中 LM – Lag 和 LM – Error 统计量分别在 10% 和 5% 水平上显著，进一步进行稳健性 LM 检验，空间固定效应的 Robust LM – Lag 统计量和 Robust LM – Error 统计量都不显著，故采用空间误差模型。时间固定效应模型中 LM – Lag 和 LM – Error 统计量都不显著。时间固定效应模型 Robust LM – Lag 统计量不显著而 Robust LM – Error 统计量在 5% 水平上显著，Robust LM – Lag 统计量和 Robust LM – Error 统计量分别在 10% 和 5% 水平上显著，故采用空间误差模型。双向固定效应模型 LM 检验和稳健性 LM 检验统计量都不显著，根据李新光和胡日东（2014）的观点应采用空间滞后模型。

(2) 中部地区

中部地区 OLS 回归结果表明：中部地区 β 绝对收敛模型中，混合模型在加入空间和时间固定效应后模型的拟合优度判定系数在其他三个模型中都有所提高。除空间固定效应模型中的 Durbin – Watson 统计量外，混合效应模型的 Durbin – Watson 统计量和对数似然函数值都小于加入了空间和时间固定效应的三个模型，表明中国中部地区碳排放强度存在空间相关性，相邻省市区在碳排放强度变化过程中相互作用，相互影响。因此，中部地区应采用固定效应模型进行回归。四个模型 $lnCI_{i,t}$ 估计系数都为负，混合模型不显著，加入固定效应后其他三个模型系数都在 1% 水平上显著，表明在未考虑空间相关性的情况下，中部地区碳排放具有 β 绝对收敛特征。

LM 检验显示空间固定效应模型中 LM – Lag 和 LM – Error 统计量分别在 5% 和 1% 水平上显著，Robust LM – Error 统计量显著性也优于 Robust LM – Error 统计量，时间固定效应模型和双向固定效应模型中 LM – Lag 和 LM – Error 统计量都不显著。综合判断，空间固定效应模型采用空间误差模型，时间固定效应模型和双向固定效应模型采用空间滞后模型。

(3) 西部地区

西部地区 OLS 回归结果表明：西部地区 β 绝对收敛模型中，拟合优度的判定系数在加入空间和时间固定效应后，模型的拟合优度在其他三个模型中都有所提高。除空间固定效应模型中的 Durbin – Watson 统计量外，混合效应模型的 Durbin – Watson 统计量和对数似然函数值都小于加入了空间和时间固定效应的三个模型，表明中国西部地区碳排放强度存在空间相关性，相邻省市区在碳排放强度变化过程中相互作用，相互影响。因此，西部地区应采用固定效应模型进行回归。空间固定效应和双向固定效应模型 $lnCI_{i,t}$ 估计系数显著为负，混合模型和时间固定效应模型 $lnCI_{i,t}$ 估计系数为正，表明在未考虑空间相关性的情况下，西部地区碳排放具有 β 绝对收敛特征。

LM 检验显示空间固定效应模型中 LM – Lag 和 LM – Error 统计量在 5% 和 1% 水平上显著，时间固定效应模型和双向固定效应模型中 LM – Lag 和 LM – Error 统计量都不显著。进一步进行稳健性 LM 检验，空间固定效应模型 Robust LM – Error 统计量和 Robust LM – Error 统计量分别在 10% 和 5% 水平上显著。双向固定效应模型 Robust LM – Error 和 Robust LM – Error 统计量均不显著，综合判断，空间固定和时间固定效应模型采用空间误差模型，双向固定效应模型采用空间滞后模型。

4.4.2 三大区域碳排放强度绝对收敛空间计量检验

（1）东部地区

根据模型筛选规则，同时用 Queen 型 1 阶空间矩阵 W_1 和空间—煤炭矩阵 W_* 对东部地区碳排放 β 绝对收敛进行空间固定效应误差模型、时间固定误差模型和双向固定滞后模型回归，结果见表 4-5。

表 4-5　东部地区碳排放强度 β 绝对收敛空间计量估计与检验结果

变量	空间固定 SEM		时间固定 SEM		双向固定 SLM	
	W_1 空间矩阵	W_* 空间矩阵	W_1 空间矩阵	W_* 空间矩阵	W_1 空间矩阵	W_* 空间矩阵
$lnCI_{i,t}$	-0.06643*** (-3.3575)	-0.06278*** (-3.1915)	-0.0293*** (-2.6299)	-0.0294*** (-2.5627)	-0.0762*** (-3.3901)	-0.0767*** (-3.7983)
收敛速度	0.344%	0.324%	0.149%	0.344%	0.396%	0.399%
Spat. aut.	0.1470** (2.1933)	0.14495** (2.3366)	-0.1070 (-1.5270)	-0.0710*** (-1.1195)	—	—
W*dep. var.	—	—	—	—	-0.1090 (-1.5717)	-0.0670** (-1.0655)
R^2	0.1857	0.1856	0.1833	0.1833	0.3573	0.3522
Log-L	244.6883	244.6454	243.3013	242.7923	268.1291	267.0932

注：括号中数据为 T 检验值，*、**和***分别表示 10%、5%和 1%的显著性水平，模型估计、空间自相关检验使用 MatlabR2014a 软件。

首先，从传统面板数据模型和空间面板数据模型回归结果比较来看，考虑空间相互关系后模型的拟合优度的判定系数比传统面板数据模型均有较大幅度提高，对数似然函数值也略有提高，三个模型均存在空间误差项 Spat. aut. 或空间滞后项 W*dep. var. 通过了 5% 或 10% 水平性检验，且 $lnCI_{i,t}$ 估计系数仍然为负数，进一步表明空间面板数据模型相比传统面板数据模型的优越性。

其次，从空间面板数据模型回归结果比较来看，双向固定效应滞后模型的拟合优度判定系数和对数似然函数值都高于空间固定效应和时间固定效应空间滞后模型，表明双向固定效应空间滞后模型要优于空间固定效应和时间固定效应空间滞后模型。

再次，从双向固定效应空间滞后模型比较来看，采用 W_1 空间矩阵的空间滞后模型的拟合优度判定系数和对数似然函数值均高于采用 W_a 空间矩阵的空间滞后模型，但前者空间滞后项 W * dep. var. 未通过水平型检验，综合比较来看，引入空间—煤炭权重 W_a 矩阵的双向固定效应空间滞后模型是进行东部地区碳排放强度 β 绝对收敛回归检验的最佳模型选择。因此本书采用引入空间—煤炭权重 W_a 矩阵的双向固定空间滞后模型的估计结果来解释模型的变量意义。

最后，从空间面板数据模型收敛结果来看，三类模型 $lnCI_{i,t}$ 估计系数都小于零且通过了 1% 水平性检验，表明东部地区碳排放强度存在 β 绝对收敛。引入空间—煤炭权重 W_a 矩阵的双向固定效应空间滞后模型的收敛速度最大为 0.399%。空间滞后项 W * dep. var. 系数为 -0.0670 且通过了 5% 显著性水平检验，表明东部地区相邻省域的碳排放强度下降率与本地区的碳排放强度下降率存在一定的负向影响，即产生一定的间接收敛效应。

（2）中部地区

根据模型筛选规则，同时用 Queen 型 1 阶空间矩阵 W_1 和空间—煤炭矩阵 W_a 对中部地区碳排放 β 绝对收敛进行空间固定效应误差模型、时间固定误差模型和双向固定滞后模型回归，结果见表 4-6。

表 4-6　中部地区碳排放强度 β 绝对收敛空间计量估计与检验结果

变量	空间固定 SEM		时间固定 SLM		双向固定 SLM	
	W_1 空间矩阵	W_a 空间矩阵	W_1 空间矩阵	W_a 空间矩阵	W_1 空间矩阵	W_a 空间矩阵
$lnCI_{i,t}$	-0.1156*** (-4.0240)	-0.1151*** (-4.0875)	-0.0047 (-0.4580)	-0.0065 (-0.6313)	-0.2307*** (-4.4824)	-0.2298*** (-4.4746)
收敛速度	0.614%	0.611%	0.033%	0.033%	1.311%	1.306%
Spat. aut.	-0.2280*** (3.3086)	0.1950*** (3.0119)	—	—	—	—
W * dep. var.	—	—	-0.2361*** (-3.2265)	-0.0460 (-0.6754)	-0.2361*** (-3.3205)	-0.0460 (-0.6960)
R^2	0.1091	0.1092	0.3272	0.3299	0.4137	0.4163
Log-L	197.3059	196.0696	213.4560	214.3970	221.2564	225.4385

注：括号中数据为 T 检验值，*、** 和 *** 分别表示 10%、5% 和 1% 的显著性水平，模型估计、空间自相关检验使用 MatlabR2014a 软件。

首先,从传统面板数据模型和空间面板数据模型回归结果比较来看(见表4-4和表4-6),考虑空间相互关系后模型的拟合优度判定系数比传统面板数据模型均有较大幅度提高,对数似然函数值也略有提高,三个模型 W_1 矩阵或 W_* 矩阵的空间误差项 Spat. aut. 或空间滞后项 W * dep. var. 通过了1%水平性检验,且 $lnCI_{i,t}$ 估计系数仍然为负数,进一步表明空间面板数据模型相比传统面板数据模型的优越性。

其次,从空间面板数据模型回归结果比较来看,双向固定效应滞后模型的拟合优度判定系数和对数似然函数值都高于空间固定效应和时间固定效应空间滞后模型,表明双向固定效应空间滞后模型要优于空间固定效应和时间固定效应空间滞后模型。

再次,从双向固定效应空间滞后模型比较来看,采用 W_1 空间矩阵的空间滞后模型的拟合优度判定系数略高于采用 W_* 空间矩阵的空间滞后模型,而前者的对数似然函数值略低于后者,但后者空间滞后项 W * dep. var. 未通过显著性水平检验,综合比较来看,引入 W_1 矩阵的双向固定效应空间滞后模型是进行中部地区碳排放强度 β 绝对收敛回归检验的最佳模型选择。因此本书采用引入 W_1 空间矩阵的双向固定效应空间滞后模型的估计结果来解释模型的变量意义。

最后,从空间面板数据模型收敛结果来看,三类模型 $lnCI_{i,t}$ 估计系数都小于零,但时间固定空间滞后模型未通过显著性水平检验,表明中部地区碳排放强度存在 β 绝对收敛。引入 W_1 矩阵的双向固定效应空间滞后模型收敛速度为1.311%。空间滞后项 W * dep. var. 系数为 -0.2361 且通过了1%水平性检验,表明中部地区相邻省域的碳排放强度下降率与本地区的碳排放强度下降率存在一定的负向影响,即产生一定的间接收敛效应。

(3)西部地区

根据模型筛选规则,同时用 Queen 型 1 阶空间矩阵 W_1 和空间—煤炭矩阵 W_* 对西部地区碳排放 β 绝对收敛进行空间固定效应误差模型、时间固定误差模型和双向固定滞后模型回归,结果见表4-7。

首先,从传统面板数据模型和空间面板数据模型回归结果比较来看(见表4-4和表4-7),考虑空间相关性后模型的拟合优度的判定系数比传统面板数据模型均有较大幅度提高,对数似然函数值提高效果不明显,时间固定空间误差模型 W_1 矩阵和 W_* 矩阵的空间误差项 Spat. aut. 均未通过显著性水平检

表4-7 西部地区碳排放强度 β 绝对收敛空间计量估计与检验结果

变量	空间固定 SEM		时间固定 SEM		双向固定 SLM	
	W_1 矩阵	W_* 矩阵	W_1空间矩阵	W_*空间矩阵	W_1空间矩阵	W_*空间矩阵
$lnCI_{i,t}$	-0.0739***	-0.0942***	-0.0273**	-0.0104	-0.0754***	-0.1063***
	(-3.5915)	(-2.8507)	(-2.3111)	(-2.8507)	(-3.7351)	(-2.8699)
收敛速度	0.384%	0.495%	0.138%	0.157%	0.364%	0.562%
Spat. aut.	-0.2570***	0.2850***	0.0170	-0.1040	—	—
	(3.3480)	(4.0207)	(0.1936)	(-1.2569)		
W * dep. var	—	—	—	—	-0.2361**	-0.0890
					(-2.5484)	(-1.0845)
R^2	0.1850	0.0666	0.1835	0.2195	0.3519	0.2958
Log-L	247.6973	244.3497	242.3881	257.5165	269.4435	267.8454

注：括号中数据为 T 检验值，*、** 和 *** 分别表示 10%、5% 和 1% 的显著性水平，模型估计、空间自相关检验使用 MatlabR2014a 软件。

验，W_*矩阵双向固定空间滞后模型空间滞后项 W * dep. var. 未通过显著性水平检验，传统面板数据模型和空间面板数据模型 $lnCI_{i,t}$ 估计系数正负号一致，表明回归结果较为稳健且空间面板数据模型相对传统面板数据模型而言具有一定的优势。

其次，从空间面板数据模型回归结果比较来看，双向固定效应滞后模型的拟合优度判定系数和对数似然函数值都高于空间固定效应和时间固定效应空间误差模型，表明双向固定效应空间滞后模型要优于空间固定效应和时间固定效应空间滞后模型。

再次，从双向固定效应空间滞后模型比较来看，采用 W_1 空间矩阵的空间滞后模型的拟合优度判定系数和对数似然函数值均高于采用 W_* 空间矩阵的空间滞后模型，后者空间滞后项 W * dep. var 未通过显著性水平检验，综合比较来看，引入 W_1 矩阵的双向固定效应空间滞后模型是进行西部地区碳排放强度 β 绝对收敛回归检验的最佳模型选择。因此本书采用引入 W_1 空间矩阵的双向固定效应空间滞后模型的估计结果来解释模型的变量意义。

最后，从空间面板数据模型收敛结果来看，引入 W_1 矩阵的双向固定效应空间滞后模型收敛速度为 0.364%，西部地区碳排放强度存在 β 绝对收敛。空间滞后项 W * dep. var. 系数同样为 -0.2361 且通过了 1% 水平性检验，表明西部地区相邻省域的碳排放强度增长率与本地区的碳排放强度下降率存在一定的负向影响，即产生一定的间接收敛效应。

总体而言，东部、中部和西部三大地区存在碳排放强度 β 绝对收敛，中部地区碳排放强度收敛速度最快，东部次之，西部收敛速度最慢。东部引入空间—煤炭权重 W_* 矩阵的双向固定效应空间滞后模型的收敛速度为 0.399%，中部地区引入 W_1 矩阵的双向固定效应空间滞后模型收敛速度为 1.311%，西部地区引入 W_1 矩阵的双向固定效应空间滞后模型收敛速度为 0.364%。三大地区相邻省域的碳排放强度下降率与本地区的碳排放强度下降率均存在一定的负向影响，即产生一定的间接收敛效应。

4.5 三大区域碳排放强度空间 β 条件收敛

4.5.1 传统面板数据模型的计量结果与模型选择

参照省域碳排放强度 β 收敛和三大地区碳排放强度 β 绝对收敛过程和方法，在不考虑空间相关性的情况下，先对三大区域碳排放强度 β 条件收敛进行 OLS 回归，以选择最佳回归模型，见表 4-8。

（1）东部地区

东部地区 OLS 回归结果表明：东部地区 β 条件收敛模型中，混合模型的拟合优度判定系数为 0.1950，加入空间和时间固定效应后模型的拟合优度判定系数在其他三个模型分别为 0.1401、0.2280 和 0.1622。时间固定效应模型拟合优度判定系数高于混合模型，但均高于 β 绝对收敛模型。除空间固定效应模型中的 Durbin-Watson 统计量外，混合效应模型的 Durbin-Watson 统计量和对数似然函数值都小于加入了空间和时间固定效应的三个模型。表明中国东部地区碳排放强度存在空间相关性，相邻省市区在碳排放强度变化过程中相互作用，相互影响，且 β 条件收敛模型要优于 β 绝对收敛模型。因此，东部地区应采用固定效应模型进行回归。四个模型 $lnCI_{i,t}$ 估计系数都显著为负，表

表 4－8　传统面板数据模型碳三大区域 β 条件收敛的估计与检验结果

		lnCI$_{i,t}$	R^2	Log－L	D－W	LM－Lag	R LM－Lag	LM－Error	RLM－Error
东部地区	混合效应	－0.0381 * （－1.7789）	0.1950	243.9450	1.6954	3.3023 *	0.0730	3.7270 *	0.4977
	空间固定	－0.1067 *** （－2.7999）	0.1401	253.7054	1.6871	2.6381	1.0629	2.0590	0.4838
	时间固定	－0.0608 ** （－2.2913）	0.2280	268.2264	1.9917	0.0568	2.2881	0.0125	2.2438
	双向固定	－0.0861 ** （－2.2913）	0.1662	280.4602	1.9954	0.1579	0.0083	0.1499	0.0003
中部地区	混合效应	－0.0696 ** （－2.0553）	0.0477	186.4048	1.6118	6.3423 **	7.0393 ***	4.6535 **	5.3505 **
	空间固定	－0.3444 *** （－4.1281）	0.2378	205.4249	1.5409	4.4729 **	1.3264	3.4019 *	0.2555
	时间固定	－0.0126 （－0.3380）	0.0137	215.0387	2.1226	0.5149	0.1008	0.4868	0.0727
	双向固定	－0.3334 *** （－4.3260）	0.1618	229.8412	2.0034	0.6883	0.5481	1.1327	0.9924
西部地区	混合效应	0.0008 *** （0.4590）	0.0189	231.6347	1.6406	10.2284 ***	2.7115 *	9.4946 ***	1.9777
	空间固定	－0.111 *** （－4.4703）	0.1310	250.2471	1.7601	7.1503 ***	0.3389	6.8260 **	0.0147
	时间固定	－0.0008 （－0.0391）	0.0337	260.2597	2.0414	1.0776	0.0325	1.1450	0.1027
	双向固定	－0.1661 *** （－4.4703）	0.1002	274.8895	2.1446	1.2194	0.6171	1.5922	0.9899

注：括号中数据为 T 检验值，*、** 和 *** 分别表示 10%、5% 和 1% 的显著性水平，模型估计、空间自相关检验使用 MatlabR2014a 软件。

明在未考虑空间相关性的情况下，东部地区碳排放具有 β 条件收敛特征。

表 4－8 中给出了普通面板数据模型的空间相关性检验结果。LM 检验显示三个模型 LM－Lag 和 LM－Error 统计量均不显著，进一步进行稳健性 LM 检验，Robust LM－Lag 统计量和 Robust LM－Error 统计量也均不显著。根据李

新光等（2014）的观点均采用空间滞后模型。

(2) 中部地区

中部地区 OLS 回归结果表明：中部地区 β 条件收敛模型中，在加入空间和时间固定效应后，模型的拟合优度判定系数在空间固定效应和双向固定效应模型中都有所提高，在时间固定效应中有所下降；对数似然函数值在时间固定效应和双向固定效应模型中有所提高，在空间固定效应模型中有所下降；Durbin – Watson 统计量在固定效应模型中都有所提高。表明中国中部地区碳排放强度存在空间相关性，相邻省市区在碳排放强度变化过程中相互作用，相互影响。因此，中部地区应采用固定效应模型进行回归。四个模型 $lnCI_{i,t}$ 估计系数都为负，空间固定效应模型和双向固定效应模型估计系数均通过1%显著性水平检验，表明在未考虑空间相关性的情况下，中部地区碳排放具有 β 条件收敛特征。

LM 检验显示空间固定效应模型中 LM – Lag 和 LM – Error 统计量分别在 5% 和 10% 水平上显著，Robust LM – Error 统计量与 Robust LM – Error 统计量均不显著，时间固定效应模型和双向固定效应模型中 LM – Lag 和 LM – Error 统计量都不显著。综合判断中部地区碳排放强度条件收敛在三个加入固定效应模型中均应采用空间滞后模型。

(3) 西部地区

西部地区 OLS 回归结果表明：西部地区 β 条件收敛模型中，拟合优度的判定系数在加入空间和时间固定效应后模型的拟合优度在其他三个模型中都有所提高，且固定效应模型的 Durbin – Watson 统计量和对数似然函数值都高于混合模型。表明中国西部地区碳排放强度存在空间相关性，相邻省市区在碳排放强度变化过程中相互作用，相互影响。因此，西部地区应采用固定效应模型进行回归。混合模型中 $lnCI_{i,t}$ 估计系数为正，固定效应模型 $lnCI_{i,t}$ 估计系数为负，空间固定效应模型和双向固定效应模型 $lnCI_{i,t}$ 估计系数均通过1%水平检验。表明在未考虑空间相关性情况下，西部地区碳排放具有 β 条件收敛特征。

与中部地区 LM 检验结果相似，西部地区碳排放强度条件收敛在三个加入固定效应模型中均应采用空间滞后模型。

4.5.2 三大区域碳排放强度 β 条件收敛空间计量检验

(1) 东部地区

根据模型筛选规则,同时用 Queen 型 1 阶空间矩阵 W_1 和空间—煤炭矩阵 W_* 对东部地区碳排放 β 条件收敛进行空间固定效应、时间固定效应和双向固定滞后模型回归,结果见表 4-9。

表 4-9　东部地区碳排放强度 β 条件收敛空间计量估计与检验结果

变量	空间固定 SLM		时间固定 SLM		双向固定 SLM	
	W_1 空间矩阵	W_* 空间矩阵	W_1 空间矩阵	W_* 空间矩阵	W_1 空间矩阵	W_* 空间矩阵
$lnCI_{i,t}$	-0.1014***	-0.0989***	-0.0582**	-0.0593**	-0.0824**	-0.0831**
	(-2.7318)	(-2.6729)	(-2.0914)	(-2.7318)	(-2.7318)	(-2.1675)
收敛速度	0.535%	0.521%	0.300%	0.306%	0.430%	0.434%
lnGDP	0.0026	-0.0101	-0.0582**	-0.0313	-0.1014***	-0.1043
	(0.0512)	(-0.1966)	(-2.0914)	(-0.5362)	(-1.3469)	(-1.3769)
lnIS	-0.1148**	-0.1085**	-0.0837***	-0.0862***	-0.0743	-0.0784
	(-2.2460)	(-2.1246)	(-3.1362)	(-3.0967)	(-1.3879)	(-1.4568)
lnES	-0.1703***	-0.1720***	-0.0897**	-0.0867**	-0.1940***	-0.1924***
	(-3.1556)	(-3.1901)	(-2.1019)	(-2.0254)	(-3.8337)	(-3.7844)
lnPOP	-0.1774	-0.1905	0.0715	0.0697	-0.2709**	-0.2591**
	(-1.3545)	(-1.4578)	(1.1746)	(1.1419)	(-2.2106)	(-2.1053)
URB	0.3819	0.3578	0.1435	-0.1376	0.2310	0.2494
	(1.4436)	(1.3544)	(0.8505)	(-0.8135)	(0.9455)	(1.1060)
lnTECH	-0.0029	-0.0045	-0.0051	0.0057	0.0078	0.0088
	(-0.2367)	(-0.3670)	(-0.6694)	(0.7521)	(0.6895)	(0.7724)
lnPORT	-0.0224	-0.0237	-0.0462***	-0.0469***	-0.0216	-0.0208
	(-1.0254)	(-1.0851)	(-2.8465)	(-2.8700)	(-0.9018)	(-0.8650)
W*dep.var	0.1320**	0.1370**	-0.0980	-0.0500	-0.1330*	-0.0980
	(2.0118)	(2.2568)	(-1.4272)	(-0.8083)	(-1.9526)	(-1.5797)
R^2	0.2798	0.2816	0.3617	0.3565	0.4339	0.4285
Log-L	255.3802	255.5319	268.9993	238.2.6	281.8135	280.2522

注:括号中数据为 T 检验值,*、** 和 *** 分别表示 10%、5% 和 1% 的显著性水平,模型估计、空间自相关检验使用 MatlabR2014a 软件。

第一，从传统面板数据模型和空间面板数据模型回归结果比较来看，考虑空间相关性后模型的拟合优度判定系数比传统面板数据模型有大幅度提高，对数似然函数值也略有提高，三个模型 $lnCI_{i,t}$ 估计系数均显著为负，进一步表明空间面板数据模型相比传统面板数据模型的优越性，但时间固定滞后模型和采用空间—煤炭 W_* 矩阵的双向固定空间滞后模型的空间滞后项 W * dep. var. 未通过水平性检验。

第二，从空间面板数据模型回归结果比较来看，双向固定效应滞后模型的拟合优度判定系数和对数似然函数值都高于空间固定效应和时间固定效应空间滞后模型，表明双向固定效应空间滞后模型要优于空间固定效应和时间固定效应空间滞后模型。

第三，从双向固定效应空间滞后模型比较来看，采用 W_1 空间矩阵的空间滞后模型的拟合优度判定系数和对数似然函数值均略高于采用 W_* 空间矩阵的空间滞后模型，且前者空间滞后项 W * dep. var 通过 10% 水平检验，综合比较来看，引入 W_1 空间矩阵的双向固定效应空间滞后模型是进行东部地区碳排放强度 β 条件收敛回归检验的最佳模型选择。

第四，从空间面板数据模型收敛结果来看，三类模型 $lnCI_{i,t}$ 估计系数都小于零且通过了 1% 或 5% 水平性检验，表明东部地区碳排放强度存在 β 条件收敛。引入 W_1 空间矩阵的双向固定效应空间滞后模型的收敛速度最大为 0.430%，β 条件收敛速度快于 β 绝对收敛速度。因此本书采用引入 W_1 空间矩阵的双向固定效应空间滞后模型的估计结果来解释模型的变量意义。空间滞后项 W * dep. var. 系数为 -0.1330 且通过了 10% 显著性水平检验，表明东部地区相邻省域的碳排放强度下降率与本地区的碳排放强度下降率存在一定的负向影响，即产生一定的间接收敛效应。

第五，从控制变量对碳排放强度收敛的影响来看，东部地区各省 GDP、能源消费结构、人口数量都对碳排放强度收敛产生负面的影响。具体来讲，GDP 增长率与碳排放强度下降率负相关，即经济中高速发展影响碳排放强度降低，经济的中低速增长是降低东部地区碳排放强度的有利窗口期，换言之，适当地控制 GDP 增长速度是实现碳排放强度下降的手段之一。能源消费结构变化率与碳排放强度下降率负相关，可能的原因是煤炭类能源消费量的下降使得经济增长放缓，间接导致碳排放强度下降率放缓。东部地区为中国人口集聚区，控制人口总量有利于碳排放强度下降。

(2) 中部地区

根据模型筛选规则,同时用 Queen 型 1 阶空间矩阵 W_1 和空间—煤炭矩阵 W_* 对东部地区碳排放 β 条件收敛进行空间固定效应、时间固定效应和双向固定滞后模型回归,结果见表 4-10。

表 4-10　中部地区碳排放强度 β 条件收敛空间计量估计与检验结果

变量	空间固定 SLM		时间固定 SLM		双向固定 SLM	
	W_1 空间矩阵	W_* 空间矩阵	W_1 空间矩阵	W_* 空间矩阵	W_1 空间矩阵	W_* 空间矩阵
$lnCI_{i,t}$	-0.3151***	-0.3967***	-0.0134	-0.0178	-0.3361***	-0.3525***
	(-4.7151)	(-5.4826)	(-0.3695)	(-0.4886)	(-4.4890)	(-4.6745)
收敛速度	1.892%	2.527%	0.675%	0.898%	2.048%	2.173%
lnGDP	-0.1651***	-0.1683***	-0.0386	-0.0263	-0.2065*	-0.2036*
	(-2.8395)	(-2.6347)	(-0.5537)	(-0.3748)	(-1.9512)	(-1.9114)
lnIS	-0.0228	-0.0307	-0.0221	-0.0173	0.0007	-0.0040
	(-0.5968)	(-2.6347)	(-0.5788)	(-0.4516)	(0.01457)	(-0.0769)
lnES	-0.0636	-0.0307	0.0203	-0.0322	-0.0126	-0.0082
	(-0.7674)	(-0.3355)	(0.2678)	(-0.4221)	(-0.1592)	(-0.1004)
lnPOP	0.0742	-0.0455	0.0372	0.0206	-0.0731	-0.1383
	(0.2593)	(-0.1448)	(0.4673)	(0.2567)	(-0.2630)	(-0.4949)
URB	0.2206	0.2582	0.0382	0.0159	0.4164	0.4261
	(0.8079)	(0.8588)	(0.1420)	(0.0587)	(1.5144)	(1.5391)
lnTECH	-0.0089	-0.0138	0.0023	0.0020	-0.0039	-0.0046
	(-0.7426)	(-1.0440)	(0.2007)	(0.1780)	(-0.3459)	(-0.4103)
lnPORT	0.0276	0.0189	0.0123	0.0165	0.0266	0.0342
	(1.2337)	(0.770)	(0.4554)	(0.6051)	(0.8961)	(1.1431)
W * dep. var.	0.1590**	-0.2361***	-0.0580	-0.2361***	-0.0599	-0.2361
	(2.3602)	(-3.8306)	(-0.7731)	(-3.6256)	(-0.8310)	(-3.7677)
R^2	0.2894	0.1399	0.3381	0.3303	0.4504	0.4433
Log-L	208.6021	210.3549	215.3421	226.5568	230.2000	217.5647

注:括号中数据为 T 检验值,*、**和***分别表示 10%、5%和 1%的显著性水平,模型估计、空间自相关检验使用 MatlabR2014a 软件。

第一,从传统面板数据模型和空间面板数据模型回归结果比较来看,除引入空间—煤炭 W_* 矩阵的空间固定效应模型外,考虑空间相关性后拟合优度的判定系数比传统面板数据模型有大幅度提高,对数似然函数值也略有提高,三个模型 $lnCI_{i,t}$ 估计系数均为负,时间固定效应模型估计系数不显著,进一步表明空间面板数据模型相比传统面板数据模型的优越性,但双向固定滞后模型和采用 W_1 矩阵的时间固定空间滞后模型的空间滞后项 W * dep. var. 未通过水平性检验。

第二,从空间面板数据模型回归结果比较来看,双向固定效应滞后模型的拟合优度判定系数和对数似然函数值都高于空间固定效应和时间固定效应空间滞后模型,但空间滞后项 W * dep. var. 未通过显著性水平检验,时间固定效应模型的 $lnCI_{i,t}$ 估计系数未通过显著性水平检验,表明空间固定效应空间滞后模型较为理想。

第三,从空间固定效应空间滞后模型比较来看,采用 W_1 空间矩阵的空间滞后模型的拟合优度判定系数和对数似然函数值均略高于采用 W_* 空间矩阵的空间滞后模型,空间滞后项 W * dep. var 通过 1% 水平检验,综合比较来看,引入 W_1 空间矩阵的空间固定效应空间滞后模型是进行中部地区碳排放强度 β 条件收敛回归检验的最佳模型选择。因此本书采用引入 W_1 空间矩阵的空间固定效应空间滞后模型的估计结果来解释模型的变量意义。

第四,从空间面板数据模型收敛结果来看,引入 W_1 空间矩阵的空间固定效应空间滞后模型的收敛速度最大为 1.892%, β 条件收敛速度略快于 β 绝对收敛速度。空间滞后项 W * dep. var. 系数为 0.1590 且通过了 5% 显著性水平检验,表明中部地区相邻省域的碳排放强度下降率与本地区的碳排放强度下降率存在一定的正向影响,相邻省域碳排放强度水平也对区域收敛产生了显著促进作用。

第五,从控制变量对碳排放强度收敛的影响来看,中部地区各省 GDP 对碳排放强度收敛产生显著的负面的影响,即中高速的经济增长不利于中部地区碳排放强度的下降,其他变量不显著。

(3) 西部地区

根据模型筛选规则,同时用 Queen 型 1 阶空间矩阵 W_1 和空间—煤炭矩阵 W_* 对东部地区碳排放 β 条件收敛进行空间固定效应、时间固定效应和双向固定滞后模型回归,结果见表 4-11。

表 4-11　西部地区碳排放强度 β 条件收敛空间计量估计与检验结果

变量	空间固定 SLM		时间固定 SLM		双向固定 SLM	
	W_1 空间矩阵	W_* 空间矩阵	W_1 空间矩阵	W_* 空间矩阵	W_1 空间矩阵	W_* 空间矩阵
$lnCI_{i,t}$	-0.0884 **	-0.1009 **	-0.0619 **	-0.0007	-0.0874 **	-0.1695 ***
	(-2.4370)	(-2.0361)	(-2.2112)	(-0.0346)	(-2.2684)	(-3.1864)
收敛速度	0.463%	0.532%	0.320%	0.004%	0.457%	0.929%
lnGDP	0.0036	0.0151	-0.0340	-0.0310	-0.1098	-0.0218
	(0.0711)	(0.4118)	(-0.5821)	(-0.7933)	(-1.4420)	(-0.3684)
lnIS	-0.1115 **	-0.375	-0.0794 ***	-0.0419	-0.0749	-0.0185
	(-2.2276)	(-0.8917)	(-2.9363)	(-1.0571)	(-1.3863)	(-0.3955)
lnES	-0.1939 ***	-0.1218 **	-0.0807 *	0.0071	-0.1833 ***	-0.0780
	(-3.6639)	(-2.2062)	(-1.8833)	(0.2528)	(-3.5763)	(-1.4261)
lnPOP	-0.2245 *	0.2922 *	0.0758	-0.0567	-0.2465 **	0.4393 ***
	(-1.7516)	(1.9446)	(1.2384)	(-1.5042)	(-1.9895)	(2.7503)
URB	0.3124	-0.1666	0.1601	-0.1535	0.2727	-0.0379
	(1.2057)	(-0.5809)	(0.9456)	(-0.9098)	(1.1064)	(-0.1372)
lnTECH	-0.0001	-0.0019	0.0053	-0.0031	0.0073	-0.0061
	(-0049)	(-0.2721)	(0.6903)	(-0.8625)	(0.6396)	(-0.9467)
lnPORT	-0.0158	-0.0195	-0.0491 ***	0.0152	-0.0253	-0.3279
	(-0.7383)	(-1.2244)	(-3.0092)	(1.2235)	(-1.0488)	(-1.5861)
W * dep. var	0.2430 ***	0.2020 ***	-0.0550	-0.1110	-0.0450	-0.1150
	(3.2147)	(2.7936)	(-6375)	(-1.3511)	(-0.5133)	(-1.4120)
R^2	0.3098	0.2072	0.3561	0.2512	0.4233	0.3451
Log-L	258.6700	253.7545	268.3890	260.9220	280.5601	275.6353

注：括号中数据为 T 检验值，*、** 和 *** 分别表示 10%、5% 和 1% 的显著性水平，模型估计、空间自相关检验使用 MatlabR2014a 软件。

第一，从传统面板数据模型和空间面板数据模型回归结果比较来看，考虑空间相关性后模型的拟合优度判定系数比传统面板数据模型有大幅度提高，除引入空间—煤炭 W_* 矩阵的时间固定效应模型外，对数似然函数值也略有提高，三个模型 $lnCI$ 估计系数均通过 5% 或 1% 水平检验显著为负，进一步表明空间面板数据模型相比传统面板数据模型的优越性，但时间固定滞后模型和双向固定空间滞后模型的空间滞后项 W * dep. var. 未通过显著性水平检验。

第二，从空间面板数据模型回归结果比较来看，尽管双向固定效应滞后模型的拟合优度判定系数和对数似然函数值都高于空间固定效应和时间固定效应空间滞后模型，但时间固定滞后模型和双向固定空间滞后模型的 W * dep. var. 未通过水平性检验，因此，空间固定空间滞后模型为西部地区碳排放强度收敛的理想模型。

第三，从空间固定空间滞后模型比较来看，采用 W_1 空间矩阵的空间滞后模型的拟合优度判定系数和对数似然函数值均略高于采用 W_* 空间矩阵的空间滞后模型，空间滞后项 W * dep. var 均通过 1% 水平检验，综合比较来看，引入 W_1 空间矩阵的空间固定效应空间滞后模型是进行西部地区碳排放强度 β 条件收敛回归检验的最佳模型选择。因此，本书采用引入 W_1 空间矩阵的空间固定效应空间滞后模型的估计结果来解释模型的变量意义。

第四，从空间面板数据模型收敛结果来看，三个模型 $lnCI_{i,t}$ 估计系数都小于零且通过了 1% 或 5% 水平性检验，表明西部地区碳排放强度存在 β 条件收敛。引入 W_1 空间矩阵的空间固定效应空间滞后模型的收敛速度为 0.463%，β 条件收敛速度快于 β 绝对收敛速度。空间滞后项 W * dep. var. 系数为 0.2430 且通过了 1% 显著性水平检验，表明西部地区相邻省域的碳排放强度增长率与本地区的碳排放强度下降率存在一定的正向影响，相邻省域碳排放强度水平也对区域收敛产生了显著促进作用。

第五，从控制变量对碳排放强度收敛的影响来看，西部地区各省产业结构、能源消费结构、人口数量都对碳排放强度收敛产生显著的负面影响。

三大地区碳排放强度 β 条件收敛实证检验表明，东部、中部和西部三大地区存在碳排放强度 β 条件收敛，中部地区碳排放强度条件收敛速度最快，西部次之，东部收敛速度最慢。东部地区引入 W_1 空间矩阵的双向固定效应空间滞后模型的收敛速度为 0.430%，东部地区相邻省域的碳排放强度下降率与本地区的碳排放强度下降率存在一定的负向影响，即产生一定的间接收敛效应。中部地区引入 W_1 空间矩阵的空间固定效应空间滞后模型的收敛速度为 1.892%，中部地区相邻省域的碳排放强度下降率与本地区的碳排放强度下降率存在一定的正向影响，相邻省域碳排放强度下降水平也对区域收敛产生了显著促进作用。西部地区引入 W_1 空间矩阵的空间固定效应空间滞后模型的收敛速度为 0.463%，表明西部地区相邻省域的碳排放强度下降率与本地区的碳排放强度下降率存在一定的正向影响，相邻省域碳排放强度水平也对区域收敛产生了显著促进作用。

在模型稳健性方面，同时使用空间固定效应、时间固定效应和双向固定效应 SEM 或 SLM 模型对三大区域碳排放强度 β 绝对收敛和 β 条件收敛进行估计，各变量所得估计结果的显著性水平和符号基本不变，表明本书模型估计结果是相对稳健的。

4.6 本章小结

本章以标准差为指标，分析了碳排放强度 σ 收敛，表明 1995—2015 年间 30 省市区碳排放强度整体上不存在 σ 收敛；碳排放强度在东部地区和中部地区呈现明显的 σ 收敛，西部地区则呈现发散趋势。本章主体部分为碳排放强度 β 收敛分析，研究期内，中国省域碳排放强度不存在 β 绝对收敛和 β 条件收敛，省域碳排放强度不会自动下降到统一的"稳态"水平或者是各自的"稳态"水平，在碳排放强度目标减排中政府必须实施节能减排、产业结构和能源结构调整等政策干预。东部、中部和西部三大地区存在碳排放强度 β 绝对收敛，中部地区碳排放强度收敛速度最快，东部次之，西部收敛速度最慢；三大地区相邻省域的碳排放强度下降率与本地区的碳排放强度下降率均存在一定的负向影响，即产生一定的间接收敛效应。三大地区存在碳排放强度 β 条件收敛，中部地区碳排放强度条件收敛速度最快，西部次之，东部收敛速度最慢；东部地区相邻省域的碳排放强度下降率与本地区的碳排放强度下降率存在一定的负向影响，即产生一定的间接收敛效应；中部和西部地区相邻省域的碳排放强度下降率与本地区的碳排放强度下降率存在一定的正向影响，相邻省域碳排放强度水平也对区域收敛产生了显著促进作用。三大地区碳排放强度 β 条件收敛速度均大于 β 绝对收敛速度，即三大区域向各自的稳态水平趋同速度大于向统一稳态水平趋同速度。空间计量模型收敛速度均快于传统面板计量模型，说明地理位置对于碳排放强度收敛表现具有重要的影响。

5

中国区域经济增长与碳排放脱钩研究

经济增长是中国碳排放量增加的最主要因素（董锋等，2015）。第 3 章和第 4 章研究表明中国省域的碳排放强度水平在截面和时间维度上都存在较大差异，且不存在 β 绝对收敛和 β 条件收敛，中国省域碳排放强度不会自动下降到统一的"稳态"水平或者是各自的"稳态"水平。东部、中部和西部三大区域碳排放强度存在区域内部绝对趋同和条件趋同。因此，基于改进的碳排放脱钩理论，研究中国三大区域内部各省单位 GDP 二氧化碳排放量（碳排放强度）下降率与经济增长率（GDP 增速）之间的关系，探讨区域内各省份在追求经济增长的同时，是否也实现了碳排放强度的相应下降？各区域在缩小经济水平的差距时，碳排放强度是否也存在差距缩小的趋势？这些问题在现有文献中均鲜有涉及，但又是合理制定各项减排政策的理论基础，对实现经济发展与节能减排的双赢具有较大的理论和现实意义。

5.1 数量脱钩模型构建

当前，中国在节能减排等环境问题上面临巨大的国际和国内压力，中国碳减排目标由相对减排逐步向绝对减排过渡。根据环境污染与经济增长脱钩的定义,随着技术进步与产业结构调整,评价经济增长能否真正同环境脱钩,应进行环境污染绝对数量比较:只有出现经济总量上升,而环境污染量持平或下降时,才可以认为出现脱钩状态。本书在借鉴陆钟武提出的 IGT 方程,利用碳排放强度变化率和 GDP 增长速度之间的函数关系式,探讨中国经济增长与碳排放的数量脱钩。

基于此,本书将从以下三个方面对现有研究进行拓展:之一,从脱钩的本质出发,基于数量上的绝对脱钩视角,数理上推导单位 GDP 二氧化碳排放变化率和 GDP 增长率之间的函数关系式。之二,构建以 GDP 增长率为横轴、碳排放强度变化率为纵轴的平面直角坐标系,得到数量脱钩"可能性曲线";以碳排放强度变化率和 GDP 变化率之间的关系为脱钩类型的研判标准,构建碳排放强度弹性系数;根据碳排放强度系数大小及碳排放强度变化率和 GDP 增长率的符号,对碳排放脱钩状态进行分类。之三,通过中国 1995—2015 年较长时间序列数据分析了中国区域碳排放和经济增长之间的脱钩关系,并探讨了 2030 年中国要实现碳排放强度目标和碳排放峰值的可能性。

5.1.1 数量脱钩关系推导

相较于"速度脱钩"而言,"数量脱钩"作为脱钩测度方法是更合理的选择(盛业旭等,2015),能有效加强对碳排放增量的管控。假设某区域基期的碳排放量为 C_0,GDP 总量为 GDP_0,报告期碳排放量为 C_t,基期到报告期跨度年限为 n,考察期间单位 GDP 碳排放强度年下降速度为 R_1,GDP 年增长速度为 R_2[①],则有:

基期碳排放量:$C_0 = \dfrac{C_0}{GDP_0} \times GDP_0$ (5.1)

报告期碳排量:$C_t = \dfrac{C_0}{GDP_0} \times (1-R_1)^n \times GDP_0(1+R_2)^n$ (5.2)

要实现考察期内碳排放与 GDP 增长的绝对数量脱钩,即报告期碳排放量小于或等于基期碳排放量,则有 $C_t \leqslant C_0$,即:

[①] 碳排放强度总体上是逐年下降趋势,为分析方便,把碳排放强度年下降速度定义为 $R_1 > 0$,反之,碳排放强度不降反升则 $R_1 < 0$。

$$\frac{C_0}{GDP_0} \times (1-R_1)^n \times GDP_0(1+R_2)^n \leq \frac{C_0}{GDP_0} \times GDP_0 \quad (5.3)$$

不等式两边同时除以非负数 C_0 和 GDP_0，则可得：

$$(1-R_1)n \times (1+R_2)^n \leq 1 \quad (5.4)$$

由于 n 为正整数，整理后得到经济增长与碳排放脱钩状态下，碳排放强度下降率与 GDP 增长率之间的数量关系不等式为：

$$R_1 \geq \frac{R_2}{1+R_2} \quad (5.5)$$

为分析方便，利用函数 $R_1 = R_2/(1+R_2)$ 性质分析式（5.5）的性质。R_1 一阶导数大于零，说明该函数为增函数；R_1 二阶导数小于零，说明该函数为凸函数。当 R_2 趋于正无穷时，R_1 趋近于 1，说明直线 $R_1 = 1$ 为该函数的水平渐近线。根据函数的性质可得图 5-1，图中曲线以上部分即为 $R_1 \geq \frac{R_2}{1+R_2}$ 对应的区域。

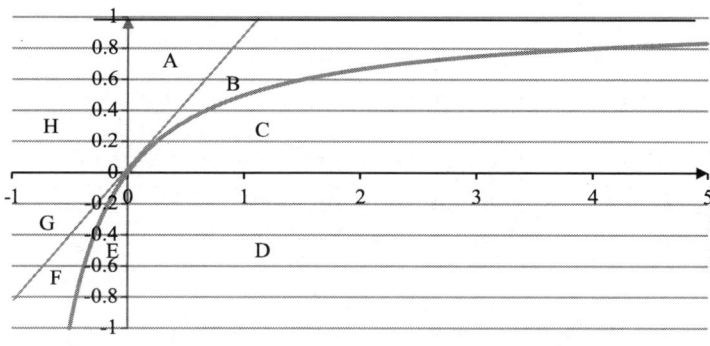

图 5-1　碳排放强度变化幅度与 GDP 增速关系

图 5-1 中，以 GDP 增速 R_2 为 X 轴，碳排放强度下降率 R_1 为 Y 轴，得到在碳排放与 GDP 增长绝对数量脱钩状态下的碳排放强度下降率与 GDP 增长率函数关系图。曲线为经济增长与碳排放数量脱钩"可能性曲线"。

5.1.2　数量脱钩状态类型

如图 5-1 所示，代表 R_1 的纵轴、代表 R_2 的横轴、"脱钩可能性曲线"和

直线 $R_2 = R_1$ 将坐标系分成了 8 个区域，分别以字母 A 到 H 表示。根据碳排放强度变化率和 GDP 增长率，可以将碳排放和经济增长之间的数量脱钩状态分为 8 种类型，其中 5 种类型表示脱钩状态，1 种类型表示扩张负脱钩，2 种类型表示增长连接或衰退连接，具体如表 5 - 1 所示。E_{ci} 表示碳排放强度弹性，指碳排放强度变化率与 GDP 增长率的比值。根据碳排放强度变化率 R_1 和 GDP 增长率 R_2 的符号以及 R_1 和 R_2 之间的大小关系可以识别碳排放和经济增长之间的脱钩状态。

表 5 - 1 数量脱钩分析法的 8 种状态

状态	脱钩类型	R_1	R_2	R_1 与 R_2 关系	碳排放强度弹性	图 5-1 中对应区域
脱钩	增长强脱钩	$R_1 > 0$	$R_2 > 0$	$R_1 \geq R_2$	$E_{ci} \geq 1$	A
	增长弱脱钩	$R_1 > 0$	$R_2 > 0$	$R_2/(R_2+1) \leq R_1 < R_2$	$0 < E_{ci} < 1$	B
	低碳衰退强脱钩	$R_1 > 0$	$R_2 < 0$	$R_1 > R_2$	$-\infty < E_{ci} < 0$	H
	高碳衰退强脱钩	$R_1 < 0$	$R_2 < 0$	$R_1 \geq R_2$	$0 < E_{ci} < 1$	G
	衰退弱脱钩	$R_1 < 0$	$R_2 < 0$	$R_2/(R_2+1) \leq R_1 < R_2$	$1 < E_{ci} < \infty$	F
负脱钩	扩张负脱钩	$R_1 \leq 0$	$R_2 > 0$	$R_1 < R_2$	$-\infty < E_{ci} < 0$	D
连接	增长连接	$R_1 > 0$	$R_2 > 0$	$R_1 < R_2/(R_2+1)$	$0 < E_{ci} < 1$	C
	衰退连接	$R_1 < 0$	$R_2 < 0$	$R_1 < R_2/(R_2+1)$	$0 < E_{ci} < \infty$	E

将经济增长与碳排放的数量脱钩分为脱钩、负脱钩和连接三种状态，增长强脱钩、增长弱脱钩、低碳衰退强脱钩、高碳衰退强脱钩、衰退弱脱钩、扩张负脱钩、增长连接和衰退连接 8 种类型。

增长强脱钩（区域 A）指经济保持持续增长的同时，碳排放强度持续下降且碳排放强度下降率大于 GDP 增长率。这种状态为经济增长与碳排放脱钩的最佳理想状态，需要有理想的产业结构、能源消费结构和技术支持。

增长弱脱钩（区域 B）指经济保持持续增长的同时，碳排放强度持续下降，碳排放强度下降率小于 GDP 增长率，但碳排放强度下降率 $R_1 \geq R_2/(R_2+1)$。这种状态下尽管碳排放强度下降率小于 GDP 增长率，但仍能实现碳减排和经济增长"双赢"，依然是碳排放空间约束下经济增长的最佳可选方案，比增长强脱钩状态更容易实现。

低碳衰退强脱钩（区域 C）指经济负增长，碳排放强度持续下降，即以经济衰退为代价实现经济与碳排放脱钩，是以牺牲人民经济福利为代价的低碳经济，减少碳排放量和促进经济增长仍处于"两难困境"。

高碳衰退强脱钩（区域 G）指经济负增长，碳排放强度不降反升，但碳排放强度增长率小于经济下降率。

衰退弱脱钩（区域 F）指经济负增长，碳排放强度不降反升，并且碳排放强度增长率大于经济下降率，但 $R_1 < R_2 / (R_2 + 1)$。

扩张负脱钩（区域 D）指经济保持持续增长的同时，碳排放强度不降反升，此种类型的经济增长是典型的粗放型发展方式，在经济增长的同时碳排放量迅速增长。

增长连接（区域 C）指经济保持持续增长的同时，碳排放强度持续下降，但碳排放强度下降率 $R_1 < R_2 / (R_2 + 1)$，即碳排放强度下降幅度有限，经济增长与碳排放仍处于未脱钩状态，相当于 Tapio 速度脱钩中的相对脱钩状态。

衰退连接（区域 E）指经济负增长，碳排放强度不降反升，并且 $R_1 < R_2 / (R_2 + 1)$，经济衰退，碳排放强度增长率大于经济下降率。

需要指出的是本书中的"弱脱钩"是指碳排放量与 GDP 总量在数量上仍处于脱钩状态，即 GDP 总量增加的同时碳排放量保持不变或下降。这里的"弱脱钩"是相对于"强脱钩"而言，是指在一定的 GDP 增速下，"弱脱钩"状态下碳排放的减少量小于"强脱钩"状态下的碳排放减少量。

由以上理论推导可知，在其他影响因素一定的情况下，经济增长与碳排放能否脱钩取决于相对于基期而言的单位 GDP 碳排放强度下降幅度和 GDP 增长率。从不等式的性质和曲线图可以得到以下几点结论。

第一，若 R_2 趋近于 0，不等式恒成立，即若保持经济接近于零的低速增长状态，在 GDP 接近于 0 增速的情况下，则不管碳排放强度如何变化，报告期碳排放与基期相比将处于脱钩状态，说明控制碳排放量的最简单的办法是控制经济增长速度。但对于包括中国在内的发展中国家而言，这是不符合现实的理想状态，人要生存和发展，保持社会的和谐稳定就必须保持一定的经济增长速度。

第二，若 $R_1 \geq R_2 \geq 0$，即图 5-1 中 A 区域，则不等式恒成立。也就是在 GDP 增长速度低于碳排放强度下降幅度的情况下，不等式恒成立。表明在其他条件保持不变的情况下，碳排放强度下降的幅度大于 GDP 增长速度，则报告期的碳排放量低于基期的碳排放量，可以实现短期碳排放脱钩。

第三，若 $R_2/(R_2+1) \leq R_1 \leq R_2$，即图 5.1 中直线 $R_1 = R_2$ 与曲线 $R_1 = R_2/(R_2+1)$ 和 $R_1 = 1$ 合围的区域 B，在其他情况不变的情况下，报告期的碳排放量低于基期的碳排放量，仍可以实现碳排放脱钩。

第四，在 A 区域和 B 区域，以及图 5-1 中的第二和第三象限中曲线以上部分，即 F 区域、G 区域和 H 区域，经济增长与碳排放都处于脱钩状态，表明碳排放强度下降幅度与 GDP 增速有多种组合，使得报告期的碳排放量相对于基期来说实现了脱钩，不同区域和国家在碳排放脱钩路径选择上可能存在多样性和差异化。但在理论上，由曲线在定义域范围内的性质可知，R_1 为 R_2 的增函数，要实现经济增长与碳排放脱钩，则碳排放强度下降幅度必须随着 GDP 增长速度的增加而不断增大。

总之，根据图 5-1 和表 5-1 可知，就 R_1 和 R_2 的大小关系而言，要实现经济增长与碳排放脱钩，有两种理想的路径可供选择。一是 $R_1 \geq R_2$，即图 5-1 中的 A 区域。这种路径是保证经济增长速度不大于碳排放强度的下降幅度所实现的碳排放脱钩。在既定的技术水平下，碳排放效率很难有较大幅度提高，即碳排放强度下降幅度有限。因此，此减排路径是以较低的经济增长速度为代价，不适用于大多数国家尤其是发展中国家的现实情况。二是 $0 < R_2/(R_2+1) \leq R_1 \leq R_2$，即图 5-1 中的 B 区域。在这种减排路径，经济增长速度高于碳排放下降幅度，这是在保证经济增长的同时实现碳排放有效控制，实现二者良性互动"双赢"的理想路径。该路径符合发展中国家对发展经济、改善物质生活状况的诉求、但对碳排放强度下降幅度有较高的要求。比如，要实现报告期 GDP 总量比基期增加翻一番，在其他因素一定的情况下，则报告期的碳排放强度比基期至少下降 50%。

5.1.3 数量脱钩述评

从本质上讲，脱钩问题研究的是环境负荷与经济增长之间的定量关系（陆钟武等，2011），即经济增长的同时，环境负荷保持不变或下降。要从碳排放总量角度研究经济增长与碳排放问题，只要经济增长的同时碳排放量也在上升，就应该认为二者仍处于"耦合"或"连接"状态，不应视为脱钩的发生。基于碳排放强度系数基础上的数量脱钩具有以下几方面的优势。其一，数量脱钩以绝对脱钩为标准，以碳排放量和 GDP 总量来评价经济增长同污染物排放的脱钩关系。相比"速度脱钩"而言，"数量脱钩"更容易判断经济增长与污染排放两者所处阶段，即"两难境地"或"双赢区间"。其二，数量脱钩既能相对于基期的情况研究报告期的脱钩状态，观察从基期到报告期脱钩的持续变化，也可以不参考基期，通过比较各年的碳排放强度变化率和 GDP 增长率之间的关系评价脱钩状态，观察各年份之间的差别，能反映较长时期内有关技术或政策对脱钩趋势的影响，利于分析政策实施前后的脱钩变化情况。其三，数量脱钩构建了碳排放强度变化率与 GDP 增长率之间的数量函数关系，可以得到脱钩与未脱钩的临界值；另外，在保证一定的 GDP 增长速度并要求实现经济增长与碳排放脱钩，即碳排放峰值拐点的情况下，可以测算出最低的碳排放强度下降速率和可能的脱钩路径。

当然，基于碳排放强度系数的数量脱钩也存在一些不足之处，有待进一步研究。比如指数化脱钩表征不够细致，脱钩状态的测量精度和类型划分不够精细，对未脱钩状态分类不够细等。

5.2 实证研究

随着工业化城镇化的快速进程，中国二氧化碳排放增长迅速。据 IEA 数据，2015 年中国能源消费二氧化碳排放量占全球总量的 28% 左右，在国际上承担着较大的减排压力。碳排放空间逐步成为制约区域经济增长的稀缺战略性资源（赖力等，2015）。碳排放强度目标是以鼓励发展为前提，在发展过程中减小碳排放，碳排放总量保持增长的趋势。但中国在国际减排承诺上由碳排放强度减排过渡到绝对减排。第 4 章研究表明中国省域的碳排放强度水平在截面和时间维度上都存在较大差异，且不存在 β 绝对收敛和 β 条件收敛，中国省域碳排放强度不会自动下降到统一的"稳态"水平或者是各自的"稳态"水平。根据以碳排放强度下降率和 GDP 增长率之间的关系构建的"数量脱钩"理论，分析中国各省市区和三大区域经济增长和碳排放脱钩状态，实现两者由"两难困境"到"双赢区间"跨越，实施碳排放总量控制十分必要。

5.2.1 数据来源与描述

碳排放相关数据为本书第 2 章所估算数据，各省市区 GDP 数据来源于中经网统计数据库。为较为真实地反映各地区生产总值变动趋势，各地区历年生产总值按照以上一年为基期计算的地区生产总值指数，得到 GDP 平减指数，用来对地区生产总值进行价格因素剔除，计算各省的实际地区生产总值，得到 2005 年不变价格地区生产总值。时间跨度为 1995—2015 年。

如图 5-2 所示，构建以碳排放强度下降率 3% 为纵坐标，以 GDP 增长率 8% 为横坐标的直角坐标系，反映"九五""十五""十一五"和"十二五"期间各省碳排放强度下降率和 GDP 增长率之间的关系。从纵向时间分析来看，环境污染和经济增长的脱钩关系有十分显著的周期性特点。1995—2000 年期间，多数省份集中在第一象限，表明多数省份在 GDP 高速增长的同时，碳排放强度也以较高速度下降，总体来讲经济增长模式相对合理，即各省份在发展经济、追求美好生活的同时，碳排放强度保持下降，但下降率低于 GDP 增长率（湖南、四川、陕西除外）。2000—2005 年期间，多数省份集中在第四象限，表明在"十五"期间多数省份 GDP 高速增长，但碳排放强度下降有限甚至出现不降反升，经济增长模式不够合理，属于粗放型经济发展阶段。增长模式仍保持较好的省份为北京、上海、天津、重庆和广东。2005—2010 年期间，多数省份集中在第一和第四象限，表明在"十一五"期间多数省份 GDP 继续保持高速增长，但碳排放强度下降率在各省份出现分化。总体来讲，内蒙古、宁夏、陕西、青海等经济落后省份 GDP 比经济发达省份保持更高速增长，内蒙古、宁夏、青海、湖北等在经济高速增长的同时碳排放强度下降明显，而陕西、广西、安徽等省在经济高速增长的同时碳排放强度下降不明显，属于粗放型经济发展模式。2010—2015 年期间，各省份在四个象限分布呈现显著变化，第一象限中主要为以贵州、重庆、云南、湖北等为代表的中西部省份，即经济高速增长的同时碳排放强度下降显著；第二象限主要为以北京、上海、浙江等为代表的东部经济发达省份，即经济保持中低速增长，碳排放强度下降显著；第三象限为山西、内蒙古、山东和黑龙江等煤炭资源丰富的中西部省份，经济保持中低速增长，碳排放强度下降有限；第四象限为宁夏、新疆、陕西、青海西部省份，经济保持高速增长，但碳排放强度下降有限。

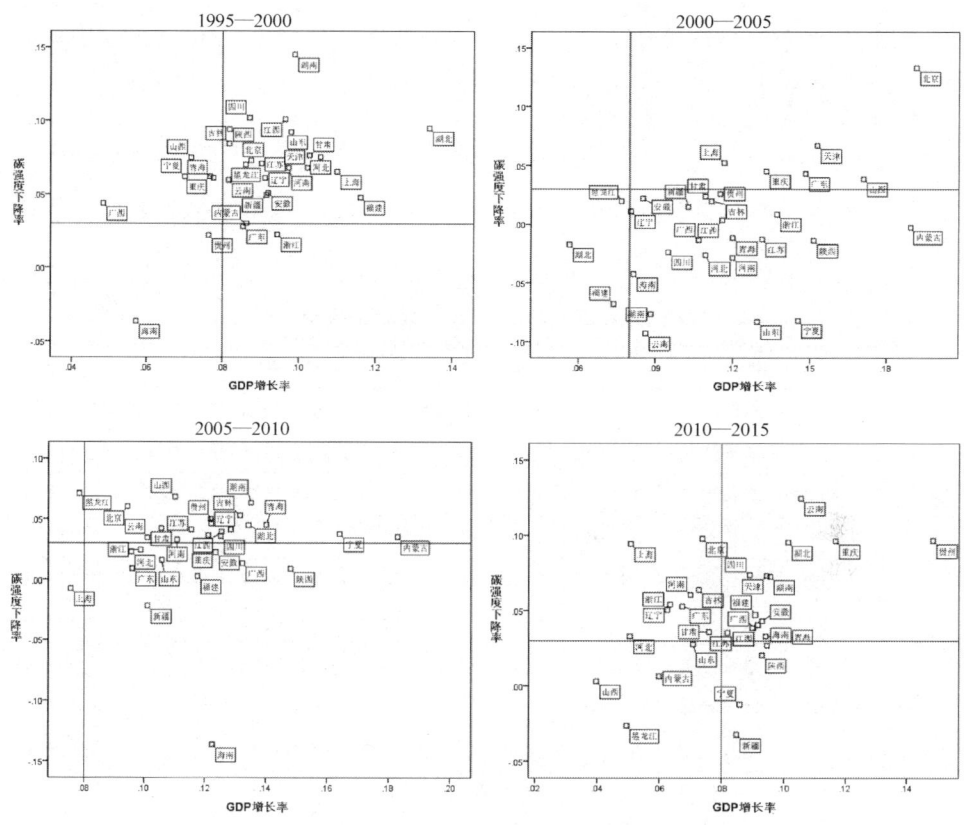

图 5-2 省域碳排放强度下降率和 GDP 增长率省域空间分布

这一直观分析结果与其特定时期的经济背景是相对符合的。"九五"期间，中国经济发展面临较为复杂的国际和国内环境，国际上全球化趋势进一步加强，亚洲金融危机对中国的出口和经济增长带来较大的冲击；国内国有企业改革进一步深化，经济需求过热和有效需求不足先后出现，经济保持高速增长（增速低于"十五"和"十一五"时期且基数较低）的同时碳排放强度也保持下降。"十五"时期，中国积极融入全球产业链分工体系，经济高速增长，同时又为环境政策较为宽松的时期，经济增长方式较为粗放，碳排放强度下降幅度有限甚至不降反升。"十一五"时期，经济进一步高速增长，但经济增长方式有所转变，经济增长中环境污染外部性得到一定遏制。"十二五"时期，环境规制进一步加强，社会经济出现"新常态"，总体上经济保持中高速增长，碳排放强度进一步下降，但对于一些煤炭资源丰富或重工化产业结构省份而言，碳排放强度下降不明显。

5.2.2 实证结果与分析

根据本书提出的数量脱钩理论，表 5-2 列出了三大区域及区域内各省四个时期的脱钩指数和脱钩状态。

表 5-2　1995—2015 年区域碳排放与 GDP 数量脱钩指数及状态

区域	1995—2000 年		2000—2005 年		2005—2010 年		2010—2015 年	
	脱钩指数	脱钩状态	脱钩指数	脱钩状态	脱钩指数	脱钩状态	脱钩指数	脱钩状态
东部	0.6527	增长连接	0.0299	增长连接	0.2235	增长连接	0.6751	增长连接
北京	0.8338	增长连接	0.6959	增长连接	0.6390	增长连接	1.3251	增长强脱钩
天津	0.6642	增长连接	0.4379	增长连接	0.3217	增长连接	0.7757	增长连接
河北	0.7129	增长连接	-0.2411	扩张负脱钩	0.2408	增长连接	0.6558	增长连接
辽宁	0.6692	增长连接	0.1374	增长连接	0.4076	增长连接	0.8529	增长连接
上海	0.5932	增长连接	0.4483	增长连接	-0.0978	扩张负脱钩	1.8550	增长强脱钩
江苏	0.7854	增长连接	-0.0987	扩张负脱钩	0.3586	增长连接	0.4328	增长连接
浙江	0.2374	增长连接	0.0625	增长连接	0.2484	增长连接	0.8071	增长连接
福建	0.4120	增长连接	-0.9201	扩张负脱钩	0.0229	增长连接	0.5223	增长连接
山东	0.9414	增长连接	-0.6426	扩张负脱钩	0.1533	增长连接	0.3911	增长连接
广东	0.3258	增长连接	0.2912	增长连接	0.0955	增长弱脱钩	0.7849	增长连接
海南	-0.6380	扩张负脱钩	-0.5203	扩张负脱钩	-1.1125	扩张负脱钩	0.2852	增长连接
中部	0.8882	增长连接	-0.0905	扩张负脱钩	0.4468	增长连接	0.6187	增长连接
山西	1.0456	增长强脱钩	0.2258	增长连接	0.6229	增长连接	0.0778	增长连接
吉林	1.0291	增长强脱钩	0.1761	增长连接	0.4012	增长连接	0.8794	增长连接
黑龙江	0.8136	增长连接	0.2566	增长连接	0.9113	增长连接	-0.5307	扩张负脱钩
安徽	0.5530	增长连接	0.2592	增长连接	0.1825	增长连接	0.4656	增长连接
江西	1.0467	增长强脱钩	0.0309	增长连接	0.3144	增长连接	0.4447	增长连接
河南	0.6984	增长连接	-0.2391	扩张负脱钩	0.2963	增长连接	0.8645	增长连接
湖北	0.7077	增长连接	-0.3095	扩张负脱钩	0.3338	增长连接	0.9412	增长弱脱钩
湖南	1.4678	增长强脱钩	-0.8683	扩张负脱钩	0.4695	增长连接	0.7604	增长连接
西部	0.7448	增长连接	-0.1191	扩张负脱钩	0.1825	增长连接	0.4325	增长连接

续表

区域	1995—2000年		2000—2005年		2005—2010年		2010—2015年	
	脱钩指数	脱钩状态	脱钩指数	脱钩状态	脱钩指数	脱钩状态	脱钩指数	脱钩状态
内蒙古	0.3495	增长连接	-0.0134	扩张负脱钩	0.1925	增长连接	0.1085	增长强脱钩
广西	0.9038	增长连接	-0.1293	扩张负脱钩	0.1017	增长连接	0.4300	增长连接
重庆	0.8085	增长连接	0.3402	增长连接	0.3008	增长连接	0.8252	增长连接
四川	1.1683	增长强脱钩	-0.2524	扩张负脱钩	0.2869	增长连接	0.8292	增长连接
贵州	0.2866	增长连接	0.2258	增长连接	0.3793	增长连接	0.6508	增长连接
云南	0.7317	增长连接	-1.0777	扩张负脱钩	0.3430	增长连接	1.1833	增长强脱钩
陕西	1.1491	增长强脱钩	-0.0926	扩张负脱钩	0.0603	增长连接	0.2192	增长连接
甘肃	0.7433	增长连接	0.2170	增长连接	0.4012	增长连接	0.4732	增长连接
青海	0.7861	增长连接	-0.0985	扩张负脱钩	0.3231	增长连接	0.3524	增长连接
宁夏	0.8841	增长连接	-0.5652	扩张负脱钩	0.2292	增长连接	-0.1434	扩张负脱钩
新疆	0.5404	增长连接	0.1430	增长连接	-0.2149	扩张负脱钩	-0.3814	扩张负脱钩

（1）脱钩状态总体呈"M"型波动特征

从总体来看，"九五"和"十二五"时期脱钩状态最为理想，脱钩指数较高；"十五"和"十一五"时期脱钩指数较低，三大区域和各省份脱钩状态基本呈现出"M"型波动特点，这与孙叶飞和周敏（2017）的研究结论一致。各时期GDP增长速度都为正，经济不存在衰退情况，四个时期各区域和各省脱钩状态以增长连接和扩张负脱钩为主。增长连接表明GDP增长的同时碳排放强度呈下降趋势，但GDP增长率大于碳排放强度下降率，碳排放量随经济增长而增加，但碳排放量增长速度小于GDP增长速度，处于速度脱钩状态。扩张负脱钩表明GDP增长的同时碳排放强度增加，经济增长的同时碳排放量增长速度大于GDP增长速度，属于粗放式经济增长模式。"九五"时期以增长连接为主，海南为扩张负脱钩，山西、吉林、江西、湖南、四川和陕西为增长强脱钩；"十五"时期30省份增长连接和扩张负脱钩各占一半，东部地区为增长连接，中部和西部为扩张负脱钩；"十一五"时期吉林、海南和新疆为扩张负脱钩，广东为增长负脱钩，其余26省市区和三大区域均为增长连接；"十二五"时期，黑龙江、宁夏和新疆为扩张负脱钩，北京、上海、湖北、内蒙古和云南等5省份为增长强（弱）脱钩，其余22省份和三大区域均为增长连接。

(2) 东部脱钩指数最大，中部次之，西部最小

从时间纵向比较来看，进入 21 世纪以来，三大区域脱钩指数在三个时期逐步提高，东部脱钩指数最大，中部次之，西部最小，表明中国经济高速增长的同时，节能减排效果显著。尤其是"十一五"和"十二五"期间，在政府实施较为严厉的环境规制政策和产业结构调整过程中脱钩指数大幅提升，相对减排效果明显。分省份来看，东部省份脱钩指数要大于中西部省份的脱钩指数。东部区域的北京、天津、辽宁、江苏、广东，中部区域的山西、吉林、安徽、江西，西部区域的重庆、贵州、甘肃，各时期脱钩指数都为正且总体逐步增长。这些省份节能减排效果明显，在经济保持增长的同时，碳排放强度逐步下降，实现了经济增长与碳排放的相对脱钩，部分省份实现了绝对数量脱钩。

(3) 脱钩状态变动较大，呈差异化特征

从空间横向比较来看，"九五"时期脱钩指数大的省份（前三省份依次为湖南、四川、山西）多位于中西部区域，脱钩指数小的省份（后三省份依次为海南、浙江、广东）多位于东部区域，这主要是因为东部区域经济发展速度快于中西部区域。"十五"时期脱钩指数大的省份（前三省份依次为北京、上海、天津）多位于东部区域，脱钩指数小的省份（后三省份依次为云南、福建、湖南）多位于中西部区域，这主要是因为西部大开发和中部崛起战略的先后实施，该时期中西部区域经济发展速度快于东部区域。"十一五"时期脱钩指数前三省份依次为黑龙江、北京、山西，脱钩指数最小的省份依次为海南、新疆、上海，"十二五"时期脱钩指数前三省份依次为上海、北京、云南，脱钩指数最小的省份依次为黑龙江、新疆、宁夏，这主要是因为实施比较严厉的环境规制和产业结构调整后各省份脱钩指数出现分化，即在"两难困境"中出现多样化。

在样本期内，不少区域已经实现了经济增长与碳排放的绝对数量脱钩。通过国际数据分析可以发现，世界不乏曾经出现过经济增长与碳排放脱钩现象的发达国家，又重新回到了经济增长与碳排放从总量角度同向增长的趋势，学者把这种现象叫做复钩（邓南圣，吴峰，2002）。复钩现象的出现，说明经济增长与碳排放脱钩目标的实现任重道远，不可一蹴而就。

5.3 区域碳排放强度目标分析

2015年国家主席习近平在巴黎气候变化大会开幕式上发表重要讲话，代表中国政府承诺：中国将于2030年左右使二氧化碳排放达到峰值并争取尽早实现，2030年单位国内生产总值二氧化碳排放比2005年下降60%~65%。本节在既定2030年碳排放强度比2005年下降60%~65%的情况下，分析2015—2030年碳排放强度年均下降率，以2005—2015年碳排放强度年均下降率为参考，探讨各区域2030年碳排放强度目标，见表5-3。

表5-3　　2030年区域碳排放强度下降目标分析

区域	碳强度2005（吨/万元）	碳强度2015（吨/万元）	2005—2015年均降幅（%）	碳排放强度下降60%	2015—2030年均降幅（%）	碳排放强度下降65%	2015—2030年均降幅（%）
东部	3.0016	2.0945	3.53	1.2007	3.64	1.0506	4.50
北京	1.7100	0.7492	7.92	0.6840	0.60	0.5985	1.49
天津	3.1726	1.7567	5.74	1.2690	2.14	1.1104	3.01
河北	5.7467	4.3220	2.81	2.2987	4.12	2.0114	4.97
辽宁	6.0642	3.5596	5.19	2.4257	2.52	2.1225	3.39
上海	2.4784	1.5673	4.48	0.9913	3.01	0.8674	3.87
江苏	2.5784	1.7430	3.84	1.0313	3.44	0.9024	4.29
浙江	2.2306	1.5207	3.76	0.8923	3.49	0.7807	4.35
福建	2.0080	1.5544	2.53	0.8032	4.31	0.7028	5.15
山东	3.8789	3.1061	2.20	1.5516	4.52	1.3576	5.37
广东	1.7058	1.2417	3.13	0.6823	3.91	0.5970	4.76
海南	1.7684	2.9220	-5.15	0.7074	9.02	0.6189	9.83
中部	4.6921	2.7775	5.11	1.8768	2.58	1.6422	3.44
山西	13.3858	9.2403	3.64	5.3543	3.57	4.6850	4.43
吉林	4.8140	2.6377	5.84	1.9256	2.08	1.6849	2.94
黑龙江	4.5120	3.5488	2.37	1.8048	4.41	1.5792	5.25

续表

区域	碳强度2005（吨/万元）	碳强度2015（吨/万元）	2005—2015年均降幅（%）	碳排放强度下降60%	2015—2030年均降幅（%）	碳排放强度下降65%	2015—2030年均降幅（%）
安徽	3.6685	2.6244	3.29	1.4674	3.80	1.2840	4.65
江西	2.8863	1.9177	4.01	1.1545	3.33	1.0102	4.18
河南	4.0055	2.4811	4.68	1.6022	2.87	1.4019	3.73
湖北	3.6648	1.7656	7.04	1.4659	1.23	1.2827	2.11
湖南	3.2692	1.6162	6.80	1.3077	1.40	1.1442	2.28
西部	4.8678	3.5137	3.21	1.9471	3.86	1.7037	4.71
内蒙古	7.9838	6.4596	2.10	3.1935	4.59	2.7943	5.43
广西	2.4789	1.9026	2.61	0.9915	4.25	0.8676	5.10
重庆	3.0634	1.5341	6.68	1.2254	1.49	1.0722	2.36
四川	3.0843	1.7517	5.50	1.2337	2.31	1.0795	3.18
贵州	8.2452	3.9145	7.18	3.2981	1.14	2.8858	2.01
云南	5.0969	2.1957	8.08	2.0387	0.49	1.7839	1.38
陕西	4.5507	3.9263	1.46	1.8203	5.00	1.5927	5.84
甘肃	6.6759	4.4772	3.92	2.6703	3.39	2.3366	4.24
青海	4.9179	3.2966	3.92	1.9672	3.38	1.7213	4.24
宁夏	12.0044	10.5347	1.30	4.8017	5.10	4.2015	5.94
新疆	5.8521	7.6377	-2.70	2.3408	7.58	2.0482	8.40

（1）东部区域

东部区域2005—2015年平均碳排放强度下降率为3.53%，若2030年碳排放强度比2005年下降60%~65%，则2015—2030年平均碳排放强度下降率为3.64%~4.50%。2030年要实现碳排放强度目标，面临着进一步调整产业结构，优化能源结构，加大节能减排技术进步等压力，需要进一步提高东部区域经济增长质量。东部区域各省份碳排放强度下降存在较大差异，北京、天津、辽宁、上海、江苏、浙江在2005—2015年期间碳排放强度下降显著，能率先实现碳排放强度目标；而山东在2005—2015年期间碳排放强度下降较少，海南碳排放强度不降反升，面临着较大的碳排放强度下降压力。

(2) 中部区域

中部区域 2005—2015 年平均碳排放强度下降率为 5.11%，若 2030 年碳排放强度比 2005 年下降 60%～65%，则 2015—2030 年平均碳排放强度下降率为 2.58%～3.44%，在保持现有碳排放强度下降趋势下，2030 年中部区域实现碳排放强度目标已无悬念。山西、吉林、河南、江西、湖北、湖南能率先实现碳排放强度目标；黑龙江和安徽则面临较大的压力，需进一步调整产业结构，优化能源结构，加大节能减排技术进步，提高经济增长质量。

(3) 西部区域

西部区域 2005—2015 年平均碳排放强度下降率为 3.21%，若 2030 年碳排放强度比 2005 年下降 60%～65%，则 2015—2030 年平均碳排放强度下降率为 3.86%～4.71%，2030 年西部区域实现碳排放强度目标面临较大的压力。重庆、贵州、云南能率先实现碳排放强度目标，甘肃和青海则基本能达到碳排放强度目标；而内蒙古、广西、陕西、宁夏、新疆在 2005—2015 年碳排放强度下降率非常有限，需进一步调整产业结构，优化能源结构，加大节能减排技术进步，提高经济增长质量。

总体来看，2030 年左右碳排放强度目标在三大区域中，中部区域能较好地实现，东部区域基本能实现，而西部区域则面临较大的压力。2030 年左右碳排放强度目标的实现在省域间存在较大差异，云南、北京、湖北、湖南、贵州、重庆在"十三五"时期能实现碳排放强度比 2005 年下降 60%～65% 的目标，新疆、海南、宁夏、陕西等省份 2030 年较难实现碳排放强度比 2005 年下降 60%～65% 的目标。因此，总体目标是 2030 年左右实现碳排放强度比 2005 年下降 60%～65% 的目标，但每个区域碳排放强度水平和下降幅度差异较大，目标的实现会有先有后。简单来说，有些区域如北京、湖北等率先在"十三五"时期实现碳排放强度目标，而有些区域可能晚于 2030 年。具体实施中，可以根据各区域"十一五"和"十二五"碳排放强度目标完成情况、实施的经验、发展阶段和国家经济转型战略，确定行政区域内碳排放强度控制目标，因地施策。基于各地区资源条件、减排潜力、发展阶段、产业结构、能源结构等实际情况，最终给各地区分配相应的碳排放控制目标，并考虑了各地区 GDP 和碳排放在全国总量中的权重，确保完成国家碳排放强度下降目标。

5.4 本章小结

第 4 章研究认为中国省域碳排放强度不存在 β 绝对收敛和 β 条件收敛，中国省域碳排放强度不会自动下降到统一的"稳态"水平或者各自的"稳态"水平，而东部、中部和西部三大区域碳排放强度存在区域内部绝对趋同和条件趋同。本章从碳排放强度下降率和 GDP 增长率关系视角探讨区域碳排放和经济增长数量脱钩。首先，从理论上推导出了在碳排放和经济增长实现脱钩时，碳排放强度下降率和 GDP 增长率之间的数量关系式，构建了经济增长与碳排放数量脱钩"可能性曲线"，分析了实现经济增长与碳排放实现数量脱钩的可能路径。其次，根据碳排放强度变化率和 GDP 增长率，尝试性地把数量脱钩划分为 8 种状态，分析了 1995—2000 年、2000—2005 年、2005—2010 年，2010—2015 年四个时期中国经济增长与碳排放数量脱钩情况，发现总体上主要处于增长连接和扩张性负脱钩状态，北京、上海、湖北等省份能在"十三五"时期实现经济发展与碳排放绝对数量的率先脱钩。最后，探讨了区域碳排放强度下降情况，发现中国中部区域能率先实现 2030 年碳排放强度比 2005 年下降 60%～65% 的承诺。2030 年左右碳排放强度目标的实现在省域间存在较大差异，云南、北京、湖北、湖南、贵州、重庆在"十三五"时期能实现碳排放强度比 2005 年下降 65% 的目标，新疆、海南、宁夏、陕西等省份 2030 年较难实现碳排放强度比 2005 年下降 60%～65% 的目标。

6

经济增长与碳排放脱钩影响因素分析

第 5 章基于"数量脱钩"理论,探讨了 1995—2015 年 30 省市区及三大区域经济增长与碳排放脱钩状态及变化趋势等特征,即分析了经济增长与碳排放脱钩状态"怎么样",而经济增长与碳排放脱钩状态的"为什么"是本章要探讨的对象。本章基于面板数据模型,研究中国三大区域经济增长与碳排放脱钩影响因素,以及这些影响因素在不同区域影响强度和方向的差异,为碳减排政策制定提供理论支撑。

6.1 脱钩影响因素分析现状

经济增长与碳排放之间关系的研究主要集中于两个方面的内容:一是研究经济增长对碳排放的影响,二是分析两者之间的脱钩关系。关于前者的研究要多于后者。经济增长对碳排放的影响研究主要采用指数分解法。如宋德勇,卢忠宝(2009)基于中国 1990—2005 年时间序列数据,采用两阶段 LMDI 方法,将能源消费产生的二氧化碳排放相关影响因素分解为产出规模、能源结构、排放强度和能源强度;Wang 等(2005)采用 LMDI 方法对中国年的碳排放进行了分解,结果表明代表技术因素的能源强度是减少碳排放的最重要的因素。赵选民和卞腾锐（2015）采用 LMDI 方法把陕西省能源碳排放增量分解成人口、人均 GDP、产业结构、能源消费结构与能源消费强度这五方面因素，研究得出，2002—2012 年间除代表技术进步的能源消费强度这一因素的累积效应为负外，其余四种因素的累积效应皆为正。徐成龙等（2014）采用 LMDI 分解方法定量分析了 1994—2010 年山东省产业结构调整对碳排放的影响，研究显示 1994—2010 年山东省产业结构是碳排放增长的正向驱动因素，而未来产业结构的调整有助于减少碳排放。朱勤等（2009）利用 LMDI 方法并应用扩展的 Kaya 恒等式建立因素分解模型，考察了 1980—2007 年碳排放的影响因素，结果表明产业结构为碳排放的正向驱动因素，是因为第二产业对碳排放的贡献率抵消了第一、第三产业的负效应。

脱钩关系分析主要采用指数法与计量分析法。指数法包括 OECD 的脱钩指数法与 Tapio 弹性脱钩指数法；计量分析法采用统计数据检验 EKC 和 STIRPAT 模型。刘年康等（2012）采用差分回归系数法，对 1990—2010 年的省级面板数据进行了分析，探讨经济增长与环境污染的脱钩关系及其时间和空间演变趋势，近二十年内绝大多数的省份没有实现环境污染与经济增长的"绝对脱钩"状态。刘卢娜等（2017）利用江苏省 2000—2013 年的终端能源消费及经济数据，采用 Tapio 弹性脱钩指数分析了不同产业碳排放脱钩状态，发现江苏省不同产业碳排放所处脱钩状态存在显著差异。马颖等（2016）分析了金砖五国 2000—2011 年二氧化碳排放量和经济增长间的变化趋势以及是否呈现脱钩状态，并探讨了阻碍脱钩的因素。

研究经济增长与碳排放脱钩及其影响（驱动）因素的文献主要运用 Tapio 脱钩指数法与 Kaya 恒等式，并和 LMDI 因素分解法相结合，研究各区域或行业经济增长与碳排放脱钩状态，分析碳排放量或碳排放强度的影响（驱动）因素。仲云云和仲伟周（2011）研究了 1995—2009 年中国 29 个省份经济增长与碳排放的脱钩状态并分析了 9 类因素对各地区碳排放增长的影响方向和影响程度。郑凌霄和周敏（2015）探讨了 2000—2013 年中国经济增长与碳排放的脱钩状态并分析了 4 类因素对中国碳排放量的影响。杨嵘和常烜钰（2012）研究了 1995—2010 年西部地区经济增长与碳排放关系的脱钩及经济总量、产业结构、能源结构、能源强度等四类驱动因素对碳排放量的影响。宁亚东等（2017）对长江经济带碳排放脱钩状态及其驱动因素进行了研究。齐绍洲等研究了中部六省 1995—2000 年、2000—2006 年、2006—2012 年三个阶段经济增长与碳排放的脱钩状态，并分析了产业结构、能源结构、城镇化水平、对外贸易和技术进步与碳排放总量和碳排放强度的关系。王云等（2011）依据Tapio脱钩指标和Kaya恒等式，运用LMDI分解法分别构建了二氧化碳"脱钩"弹性指标，定量分析了山西经济增长与碳排放的"脱钩"状态。LMDI分解分析表明影响山西二氧化碳"脱钩"最重要的因素分别是经济增长和能源强度下降。该研究在研究方法上进行逐年数据分析，在研究内容上分析了影响山西二氧化碳"脱钩"的因素，但没有分析各因素对二氧化碳"脱钩"的敏感程度。这些文献由于碳排放估算方法差异在脱钩状态上会有些差异，但碳排放影响因素方面的结论基本一致，认为经济总量是导致碳排放增长的主要驱动因素，产业结构的变化导致碳排放增长，技术进步、能源强度和能源结构的变动也有助于减排。

现有文献关于经济增长与碳排放关系的研究主要集中在两方面：一是研究前者对后者的影响，即经济增长在多大程度上影响着碳排放量的变化；二是研究两者之间的关系，即运用脱钩指数或EKC和STIRPAT计量模型研究两者之间处于何种状态。而对经济增长与碳排放脱钩的影响因素研究却寥若晨星。现有文献是对碳排放量影响因素的研究，考察哪些因素对碳排放量产生正向效应，哪些因素产生负向效应，这一研究范式的出发点是探究在碳排放相对减排阶段，如何有效控制碳排放的过快增长。中国在碳排放峰值目标提出后，已经进入碳排放绝对减排阶段，应该探讨影响碳排放峰值的因素。本书认为我们对经济增长与碳排放脱钩不能仅满足于区域处于何种脱钩类型，即"怎么样"，更重要的是要探讨各因素对各区域经济增长与碳排放脱钩的影响方向和大小，以及这些因素影响方向和大小在各时期、各区域的差异性。

6.2 模型构建及数据说明

本章主要用面板数据回归方法进行实证检验，研究各影响因素对区域经济增长与碳排放脱钩的影响方向和大小。面板数据同时包含时间序列数据和截面数据的二维数据，从而使得观测值大大增加，可以增加估计量的抽样精度，对于固定效应模型能得到参数的一致估计量，甚至有效估计量。区域经济增长与碳排放脱钩影响变量在选择上具有一定的自由度，但是各变量的选取并非任意，必须有足够的经济理论支持。模型的因变量为本书构建的数量脱钩指数，研究区域经济增长与碳排放脱钩的影响因素，只研究经济增长率和碳排放强度变化率两者是不够的，各区域或各省在全国的功能定位、经济发展阶段、资源禀赋等不同也会影响经济增长与碳排放脱钩的状态和程度。参考已有研究文献，选取人均GDP、能源消费强度、能源消费结构、产业结构、城镇化水平、对外开放程度、技术进步等几个变量，具体模型构建如下：

$$TDI_{it} = \alpha_{it} + \beta_1 PGDP_{it} + \beta_2 EI_{it} + \beta_3 ES_{it} + \beta_4 IS_{it} + \beta_5 URB_{it} + \beta_6 PORT_{it} + \beta_7 TECH_{it} + \varepsilon_{it} \tag{6.1}$$

其中，i 表示省份，t 表示时间。TDI 表示脱钩指数；PGDP 表示人均GDP；EI 表示万元国内生产总值能源消费量即能源消费强度；ES 表示能源消费结构；IS 表示产业结构；URB 表示城镇化率；PORT 表示对外开放程度；TECH 表示技术进步水平。对相关变量选取的经济意义以及构建情况做如下说明。

①脱钩指数（TDI）。采用本书第5章测算的碳排放强度弹性作为绝对数量脱钩指数的代理变量。在样本期内，除山西2013—2014年和2014—2015年以及甘肃2014—2015年GDP为负增长外，其他样本期内GDP均为正增长。山西2013—2014年和2014—2015年以及甘肃2014—2015年经济增长与碳排放脱钩指数分别为36.67、-22.82和-2.82，脱钩状态分别为"衰退连接""低碳衰退强脱钩"和"低碳衰退强脱钩"。其他省市区在研究期内各年脱钩状态均为"增长强脱钩""增长弱脱钩""增长连接"和"扩张负脱钩"四种类型之一，且脱钩指数越大表明脱钩状态越良好。"衰退连接"表示经济负增长的同时碳排放强度提高，在8种脱钩状态中最不理想。山西2013—2014年脱钩指数为36.67，且为各区域研究期内最大脱钩指数值，本书取其相反数将脱钩指数调整为-36.67。"低碳衰退强脱钩"表示经济负增长的同时碳排放强度下降，与"扩张负脱钩"指数同为负值，但在经济增长率和碳排放强度下降率两指标上符号相反，且本书中"低碳衰退强脱钩"指数值要小于大多数"扩张负脱钩"指数值，同处于"两难困境"中的同一种状态。本书对这两个"低碳衰退强脱钩"指数值在模型回归中以其实际值纳入模型。

②人均GDP（PGDP）。人均GDP是衡量人民生活水平的一个标准，也是衡量经济发展状况和经济发展阶段的指标之一。环境库兹涅茨曲线（EKC）

刻画了经济增长与环境的倒"U"型关系，本质上说明了不同经济发展阶段对环境的影响。随着人均 GDP 的提高，经济规模也相应扩大，产生的污染物也会增加，这就是所谓的规模效应。但当人均 GDP 达到一定水平后，财富积累增加时，人们环境意识和技术水平得到提高，环境规制逐步严厉，碳排放峰值拐点可能会出现，即实现了经济增长与碳排放脱钩。Selden 和 Song（1994）利用跨国家面板数据，分别研究了人均 GDP 和包含二氧化碳在内的四种污染气体人均排放量之间的关系，结果证明了人均 GDP 与四种污染气体人均排放量间都存在倒"U"型曲线关系。Galeotti 等（2006）利用 1960—1998 年的数据对碳排放 EKC 曲线进行了稳健性检验，发现 OECD 国家的人均收入和人均二氧化碳排放量之间存在环境库兹涅茨曲线，并找到了合理的人均收入拐点。国内学者蔡风景和李元（2016）基于图模型方法，利用 1995—2008 年中国 29 省份数据验证了中国 EKC 曲线呈倒"U"型。林伯强和蒋竺均（2009）利用修正的 STIRPAT 模型，预测中国的二氧化碳库兹涅茨曲线的理论拐点对应的人均 GDP 是 37170 元。因此，人均 GDP 是经济增长与碳排放脱钩的主要影响因素之一。地区生产总值数据来源于中经网统计数据库，为较为真实地反映各地区生产总值变动趋势，按照以上一年为基期计算的地区生产总值指数，得到 GDP 平减指数，用来对地区生产总值进行价格因素剔除，计算各省的实际地区生产总值，得到 2005 年不变价格地区生产总值。在以 2005 年不变价格地区生产总值除以该地区相应年份常住人口得到人均 GDP。

③能源消费强度（EI）。能源消费强度，又称单位 GDP 能耗，是反映区域能源利用效率的主要指标。经济的发展必须有一定的能源投入作为支撑，而能源的燃烧和使用过程中会排放出一定的污染物，必然带来以二氧化碳为主的温室气体的增加，从而影响经济增长与碳排放的脱钩。郭朝先（2010）研究认为能源利用效率的提高是抑制碳排放增长最主要的因素，但在时间段、产业和区域间存在差异。能源消费量数据来源于历年《中国能源统计年鉴》中"分地区分品种能源消费量"表中第一列"能源合计"，单位为万吨标准煤。其中，宁夏 2001 年数据缺失，采用 2000 年和 2002 年的平均值；1995 年和 1996 年四川和重庆的能源消费量根据 1997 年四川和重庆能源消费量的比重进行分割。地区生产总值数据与上文相同，为 2005 年不变价格地区生产总值，再根据相应地区对应年份的能源消费量与 2005 年不变价地区生产总值的比值得到各区域 1995—2005 年的能源消费强度。

④能源消费结构（ES）。能源结构包括能源生产结构和能源消费结构，指某个国家或区域在一定时期内（通常指一年）所生产或消费的总能源中各类一次能源、二次能源的构成及其比例关系。能源消费结构指各种能源（如煤炭、石油、天然气、电力、核能、太阳能等）占能源总量的比例。根据统计数据，能源消费分为煤炭、石油、天然气和水电、核能等四种。煤炭、石油和天然气占能源消费总量比例与碳排放量正相关，而水电、核能等其他能源占能源消费总量比例与碳排放量负相关（车彭旭，崔和瑞，2016）。已有研究表明能源消费结构是碳排放的重要正向促进因素。能源的消费总量变动决定了碳排放的总量变动，能源消费总量一定的情况下，能源消费结构的优化会降低碳排放强度（张雷，2006）。因此，以环境治理为目标引致的能源结构转变，对二氧化碳排放起显著的抑制作用（林伯强，李江龙，2015），中国"富煤、贫油、少气"的能源结构特点决定了以煤炭为主的能源消费结构。煤炭价格低廉，是非常经济的能源，与石油、天然气等其他化石燃料相比，按发热量计算，煤炭价格明显低于石油、天然气，是廉价能源。煤炭的最大弊端就在于它的不洁净，在于它的污染环境。近几年来，随着能源结构调整力度的加大，煤炭在中国化石能源消费结构中的比重有所下降，核能、水电等清洁能源在能源消费结构中有较大提升。由于各区域能源资源禀赋不同，各区域能源消费结构存在较大差异。本书以历年《中国能源统计年鉴》"分地区分能源品种能源消费量"中"煤炭和焦炭消费量"与"能源合计"比值作为地区能源消费结构代理变量。重庆1995年和1996年能源消费结构等同四川能源消费结构；海南2002年分品种能源消费数据、宁夏2001年和2002年分品种能源消费数据缺失，本书对缺失数据进行平均化处理。

⑤产业结构（IS）。产业结构是指农业、工业和服务业在一国经济结构中所占的比重。产业结构优化指经济发展重点或产业结构重心由第一产业向第二产业和第三产业逐次转移的过程，标志着一国经济发展水平的高低和发展阶段、方向。不同产业对能源的依赖性不同，产业结构是影响碳排放的主要因素（Cole M 等，2008；李健，周慧，2012；Chang Ning，2015）。但现有文献在产业结构对碳排放影响的方向和程度上存在较大差异。由于产业结构指标的构建和研究时段选取的差异，中国产业结构的变动对碳排放的影响方向和程度都存在不一致的观点。由于农业在国民经济中所占比重逐年减小，第三产业产值比重上升幅度超过第二产业产值上升幅度，本书以第三产业产值与第二产业比值

作为产业结构指标,更能反映产业结构对碳排放影响的敏感性,研究时段为1995—2015 年。

⑥城镇化水平(URB)。城镇化亦称为城市化,指随着社会的发展和技术的进步,传统农业增加值逐步降低,农村人口逐步减少,城镇空间逐步扩大的过程。城市化是一国向中等收入国家或发达国家发展中不可避免的一个阶段。一方面城市化伴随着大规模城市基础设施和住房建设,从而需要大量的水泥与钢铁等高耗能高污染产业支撑,具有较大的能源消费需求刚性;另一方面城镇居民人均能源消费量远高于农村居民,其生活消费模式会带来能源消费和碳排放量的增加。城镇化过程中能源消费量和碳排放量的增加必然会影响经济增长与碳排放的脱钩。城市化对碳排放有重要影响,应准确捕获城市化进程这一特殊发展阶段对能源需求和碳排放的影响(林伯强,刘希颖,2010)。本书城镇化率以区域城镇常住人口占区域总人口的比重衡量。

⑦对外开放程度(PORT)。对外开放程度指一国或地区与其他国家或地区在商品流通、资金往来等联系的程度,体现在对外经济关系多个方面,其中进出口贸易额与 GNP(或 GDP)之比为最常用的指标。由于发达国家把高污染产业转移到发展中国家,从而产生"污染天堂"假说(Pollution Haven Hypothesis)和"碳泄漏"(Carbon Leakage),近年来受到学术界关注。研究表明中国对外贸易大额顺差的同时对外出口了大量的二氧化碳,Hübler(2009)研究发现 2004 年中国由于国际贸易相当于出口了 11 亿吨的二氧化碳,占中国当年碳排放总量的 24%。马翠萍和史丹(2016)研究结论基本一致,2007 年中国由于货物贸易出口引致碳排放量 27.1 亿吨,占中国当年碳排放总量(67.9 亿吨)的 39.76%。因此,从碳排放测算的生产视角来看,对外贸易中出口越多,本地碳排放量增加的也越多,产生的"碳泄漏"也越多。本书以出口总额占 GDP 的比值即对外贸易依存度,衡量各区域的对外开放程度。出口总额数据来源于中经网数据库,为便于比较,根据 2016 年《中国统计年鉴》中的人民币汇率(年平均价)将各年出口美元总额转换成人民币总额。

⑧技术进步(TECH)。技术进步是经济增长的主要动力,但技术进步通过直接效应和间接效应有可能促进碳排放量增加,也有可能促进碳排放量减少。张兵兵等(2014)分区域、分时段研究了技术进步对二氧化碳排放强度的影响,结果显示,从全国整体上来看,技术进步是降低二氧化碳排放强度的有效手段,技术进步对二氧化碳排放强度的影响有着明显的区域差异,东西部

地区的技术进步与二氧化碳排放强度显著负相关，中部地区则显著正相关。分阶段考察显示，2000年之前，技术进步对全国及东中西部地区二氧化碳排放强度的影响均为负，2001年之后，技术进步对全国及东中部地区二氧化碳排放强度影响为正，对西部地区二氧化碳排放强度的影响依然为负。而姚西龙和于渤（2012）分区域研究显示，中国东中部地区技术进步显著减少了碳排放，且东部地区技术进步的减排效果大于中部地区，西部地区技术进步的作用并不显著。本书以区域技术合同成交额（亿元）占地区 GDP 比重为科技水平的代理变量，主要是基于以下两个原因。一是技术市场在科技成果转化过程中发挥着重要的渠道作用，在优化生产要素配置、促成产业结构调整以及促进经济增长等方面起着重大的作用，毋庸置疑，也影响着节能减排的成效。只有有价值的技术成果才会形成技术合同的成交额，最终使技术成果进入生产活动实现转化。二是各地区技术合同成交额数据的可得性，科技水平一般以专利数量、科研人员数量、R&D 经费投入等指标衡量，但现有统计资料没有完整的 30 省市区 1995—2015 年的数据。

能源方面数据来源于各年《中国能源统计年鉴》，脱钩指数采用本书第 5 章绝对数量脱钩方法计算结果，碳排放量数据采用本书第 2 章碳排放估算方法计算结果，其他数据均来自中经网数据库。由于模型因变量脱钩指数为相对于上一年度的相对值变化率，在实证研究中各自变量取相对于上一年的变化率（见表 6-1）。

表 6-1   主要变量统计描述

变量	变量描述	平均值	标准差	最小值	最大值	skewness	kurtosis
TDI	脱钩指数	0.2999	2.6445	-36.6732	38.5566	-0.8654	148.0903
RPGDP	人均 GDP 变化率	0.1024	0.0454	-0.1107	0.4667	1.0686	11.1806
REI	能源强度变化率	0.0319	0.0861	-0.6647	0.3201	-1.7969	14.2691
RES	能源结构变化率	-0.0061	0.0873	-0.3405	0.6733	1.9469	18.2439
RIS	产业结构变化率	0.0189	0.0959	-0.2719	0.4723	0.9686	5.3869
RURB	城镇化水平变化率	0.2448	1.6363	-0.9803	30.2935	13.7172	226.1920
RPORT	对外开放程度变化率	0.0483	0.2338	-0.7006	2.6129	2.5699	28.6838
RTECH	技术进步率	0.2448	1.6363	-0.9803	30.2935	13.7172	226.1920

6.3 回归过程及结果分析

6.3.1 面板数据单位根和协整检验

为了避免伪回归，必须对各面板序列的平稳性进行检验，保证数据的平稳性。面板数据的单位根检验分为同质单位根检验法和异质单位根检验法两大类，前者是指各截面单元序列具有相同的单位根过程，包括 LLC 检验和 Breitung 检验；后者指各截面单元序列具有不同的单位根过程，包括 IPS 检验、ADF - Fisher 检验和 PP - Fisher 检验（蒋冠宏，蒋殿春，2012）。本书运用这五种方法分别对各变量进行单位根检验。

根据表 6 - 2，原值（水平）序列中各变量在五种检验形式下均通过了 5% 的显著性水平检验且大多数检验统计量通过了 1% 显著性水平检验，这表明水平序列是平稳的，可判断各变量是 0 阶单整序列。

表 6 - 2　　　　　　　面板数据单位根检验

检验方法	TDI	RPGDP	REI	RES	RIS	RURB	RPORT	RTECH
LLC 检验	-3.0180 (0.0013)	-4.8844 (0.0000)	-4.8428 (0.0000)	-2.6476 (0.0041)	-3.2739 (0.0005)	-3.2343 (0.0006)	-5.3751 (0.0000)	-11.2979 (0.0000)
Breitung 检验	-2.3716 (0.0089)	-3.8493 (0.0001)	-6.5066 (0.0000)	-5.8966 (0.0000)	-8.0037 (0.0000)	-7.6107 (0.0000)	-2.2349 (0.0127)	-9.4380 (0.0000)
IPS 检验	-6.5785 (0.0000)	-3.6843 (0.0001)	-6.1121 (0.0000)	-5.5094 (0.0000)	-9.9869 (0.0000)	-5.0850 (0.0000)	-3.8987 (0.0000)	-12.4752 (0.0000)
ADF - Fisher 检验	204.776 (0.0000)	41.2426 (0.0005)	134.230 (0.0000)	123.542 (0.0000)	210.610 (0.0000)	122.144 (0.0000)	137.232 (0.0000)	263.139 (0.0000)
PP - Fisher 检验	1111.45 (0.0000)	104.818 (0.0000)	111.994 (0.0001)	242.529 (0.0000)	654.635 (0.0000)	285.566 (0.0000)	302.330 (0.0000)	1604.81 (0.0000)

注：括号内数据为相应统计量对应的 P 值，TDI、RPGDP、REI、RES、RIS、RURB、RPORT、RTECH 分别表示表 6 - 1 中各变量。

各变量为 0 阶单整序列，满足协整检验前提。根据 Eviews10 软件，利用 KAO 协整检验方法，检验经济增长与碳排放脱钩指数与人均 GDP 变化率、能源强度变化率、产业结构变化率、城镇化水平变化率、技术进步率等七大影响因素的协作关系。表 6-3 的 KAO 协整检验结果显示：拒绝经济增长与碳排放脱钩指数与七大类因素之间存在协整关系，原假设的显著性水平小于 0.01，在置信度为 99% 的条件下，认为经济增长与碳排放脱钩指数与七大类因素存在协整关系。

表 6-3　　　　　　　　　　面板数据序列协整检验

ADF		Residual variance	HAC variance
t – Statistic	Prob.		
-3.5715	0.0002	0.0085	0.0014

6.3.2　共线性分析及面板数据模型类型选择

通过了协整检验，理论上可以直接对原方程进行回归。但在实际操作中首先对变量进行相关性分析，以观察是否存在严重的共线性。参考蒋冠宏和蒋殿春（2012）的方法进行多重共线性检验。从表 6-4 可知，各变量之间的相关系数都在 0.4 以下。为保证准确性，进一步考察膨胀方差因子（Variance Inflation Factor，VIF），发现均小于 5[①]。因此，变量之间不存在严重的多重共线性问题。

对模型的类型进行判别。其中，F 检验用于判别模型中是否存在个体固定效应，该检验的原假设是真实模型还是混合模型，备择假设是真实模型还是个体固定效应模型。Hausman 检验用于判别应建立个体随机效应模型还是个体固定效应模型，该检验的原假设是应建立个体随机效应模型，备择假设是应建立个体固定效应模型。检验结果表明三个区域个体固定效应模型是合适的。另外，从实际研究需要来看，研究的对象是全国各个省份脱钩指数及其影响因素等变量，不存在从总体中随机抽样问题，因此相比随机效应模型，建立个体固定效应模型也是合适的（吴振信等，2012）。

---

① 据经验法则，如果最大膨胀方差因子 VIF 小于 10 则说明不存在系统的多重共线性问题。

表 6-4 各变量相关系数矩阵及膨胀方差因子

变量	VIF	TDI	RPGDP	REI	RES	RIS	RURB	RPORT	RTECH
TDI	—	1							
RPGDP	4.2521	0.0064	1						
REI	1.5113	0.3462	0.0639	1					
RES	1.2290	-0.1670	0.0812	0.0991	1				
RIS	1.0914	-0.0200	-0.2832	0.0990	-0.0612	1			
RURB	2.5873	-0.1135	0.1636	-0.1297	0.0893	-0.1267	1		
RPORT	2.3576	-0.0404	-0.0046	-0.1309	0.0213	0.1650	-0.0268	1	
RTECH	3.2953	0.0091	-0.0413	0.0066	-0.0574	-0.0169	0.0244	0.0159	1

三大区域碳排放脱钩影响因素回归模型中，模型（1）为不含技术进步率变量的估计，模型（2）为加入技术进步率变量的估计，用以检验自变量对脱钩指数的影响是否稳健。如果加入技术进步率变量后，其他变量仍然为显著且符号相同，则表明模型的估计结果是稳健的，否则模型估计结果不具有稳健性。回归结果见表 6-5。

表 6-5 脱钩影响因素回归结果

变量	东部		中部		西部	
	模型（1）	模型（2）	模型（1）	模型（2）	模型（1）	模型（2）
F 值	2.3938	3.5913	2.51942	1.5501	13.9210	30.0512
D-W 统计量	2.0864	2.1744	2.2290	2.2594	2.2790	2.2736
R^2	0.2438	0.2206	0.2847	0.2809	0.7325	0.7031
RPGDP	-8.6920** (-1.7887)	-8.8004** (-1.7687)	0.7027 (0.0941)	0.8032 (0.1070)	0.9471 (0.8312)	0.8529 (0.7667)
REI	11.0447*** (4.3559)	11.9620*** (4.6830)	16.6218*** (3.2648)	16.4388*** (3.2362)	8.8693*** (13.2537)	9.0751*** (14.3419)
RES	2.7714 (1.1317)	3.1111 (1.3004)	-2.9466 (-0.4981)	-3.0418 (-0.5149)	-0.4944 (-0.9721)	-0.3200 (-0.6577)
RIS	4.1589 (1.4967)	3.4164 (1.2314)	-7.9646** (-2.2756)	-7.6350** (-2.1990)	-0.9854* (-2.1286)	-0.7460* (-1.6943)
RURB	-14.9059 (-1.5723)	-14.7652 (-1.5845)	4.8813 (0.2384)	4.4928 (0.2197)	3.4107 (1.3838)	2.3887 (1.0320)

续表

变量	东部		中部		西部	
	模型（1）	模型（2）	模型（1）	模型（2）	模型（1）	模型（2）
RPORT	0.4874 (0.3238)	0.5617 (0.3353)	-3.0786** (-1.9932)	-2.9028** (-1.8999)	0.3044** (2.1893)	0.3118** (2.3275)
RTECH	0.0210 (0.0681)	—	0.9177 (0.8159)	—	-0.0003 (-0.0224)	—

注：括号中数据为T检验值，*、**和***分别表示10%、5%和1%的显著性水平。

6.3.3 回归结果分析

从各变量估计系数的符号来看，除能源强度变量的估计系数在三个区域估计模型中符号方向均为负且显著外，其他变量的估计系数在三个区域估计模型中符号方向不完全一致，表明除能源强度外，其他因素对经济增长与碳排放脱钩的影响存在区域差异性。因此，在实施节能减排，争取经济增长与碳排放脱钩政策的制定和实施的过程中应因地施策，而不能搞一刀切。

（1）东部地区

东部地区经济增长率和城镇化增长率对经济增长与碳排放脱钩有负向促进作用，经济增长率通过了5%显著性水平检验，城镇化增长率未通过显著性水平检验。表明控制经济增长速度以及城镇化进度有利于促进经济增长与碳排放脱钩。能源强度下降率、能源结构变动率、产业结构变动率、经济对外开放度以及技术进步率等变量与脱钩指数呈正相关关系，其中只有能源强度下降率通过了显著性水平检验。

（2）中部地区

中部地区能源结构变动率、产业结构变动率以及对外开放程度变化率对经济增长与碳排放脱钩有负向促进作用。其中，产业结构变动率和对外开放度变动率通过了5%显著性水平检验，能源结构变动率未通过显著性水平检验。产业结构变动率对经济增长与碳排放脱钩起负向促进作用，外向型的经济结构即出口依存度将不利于中部地区经济增长与碳排放的脱钩。经济增长率、能源强度下降率、技术进步率以及城镇化变化率等变量与脱钩指数呈正相关关系，其中能源强度下降率通过了显著性水平检验。

(3) 西部地区

西部地区能源结构变动率、产业结构变动率以及技术进步率对经济增长与碳排放脱钩有负向促进作用。其中产业结构变动率通过了10%显著性水平检验，技术进步率未通过显著性水平检验。表明产业结构变动率对经济增长与碳排放脱钩起负向促进作用。经济增长率、能源强度下降率、城镇化变化率以及对外开放度变化率等变量与脱钩指数呈正相关关系，其中能源强度下降率和对外开放度变化率分别通过了1%和5%显著性水平检验。

(4) 三大区域比较

东部区域经济相对较为发达，维持经济的中高速增长甚至中低速增长有利于经济增长与碳排放的脱钩，应把经济发展的重点放在增长质量的提升上。中西部区域经济发展水平相对较低，经济发展依然是实现经济增长与碳排放脱钩的基础和关键，同时围绕建设现代化经济体系，坚持质量第一、效益优先，促进经济结构优化升级。能源强度持续下降是实现中国碳减排和经济增长与碳排放脱钩的关键，尤其是中部区域能源强度的下降对脱钩影响最大，西部区域能源强度对脱钩的影响相对较小。能源消费结构变动率对西部区域经济增长与碳排放脱钩具有显著的负向促进作用，对东部和中部的影响分别为正向和负向促进作用，但没有通过显著性水平检验，原因可能在于东部区域煤炭在能源消费结构中的比重较低，煤炭在能源消费结构中比重下降率主要为负。对于中西部区域而言，优化能源消费结构、降低煤炭消费比重是实现经济增长与碳排放脱钩的有效途径之一。以第三产业与第二产业产值比重为代理变量的产业结构变动率变量对中部和西部区域经济增长与碳排放脱钩起显著的负向促进作用，东部区域为正向促进作用但不显著。表明中西部区域尤其是中部区域第三产业与第二产业比重的变化率对脱钩指数的提高起负向作用，这与中西部区域以第二产业为主且产业体系不够完备有关。因此，大力发展新兴产业，改造提升传统产业，增强第三产业对经济发展的带动力，实现产业的结构性变革对节能减排和碳排放峰值的实现具有重要的意义。对外开放度对经济增长与碳排放脱钩指数的影响在三大区域中存在较大差异，东部区域和西部区域为正向促进作用，前者未通过显著性检验，后者通过了5%显著性水平检验，中部区域为负向促进作用且通过了5%显著性水平检验。这主要与三大区域的产业结构的地理区位有关：东部区域出口的主要为科技含量较高的产品，碳较低而附加值相对较高；西部区域依托其区位优势出口具有相对优势的技术产品和服务类产品；中部区域出口的多为资金密集型产品，碳较高而附加值较低。城镇化变化率和技术进步率脱钩指数的估计系数在三大区域均通过显著性水平检验。

6.4 本章小结

本章基于第 5 章测算的经济增长与碳排放数量脱钩指数，构建面板数据模型，分析了东部、中部和西部三大区域经济增长与碳排放脱钩影响因素。构建了以脱钩指数为因变量，人均 GDP 增长率、能源强度下降率、能源结构变动率、产业结构变动率、对外开放度变化率、城镇化变化率和技术进步率为自变量的面板数据模型，并根据已有文献分析了各变量的经济意义，对数据来源和处理进行了说明。回归结果分析表明，能源强度的降低是各区域实现经济增长与碳排放脱钩共同的主要正向驱动因素，其他因素在不同区域体现了不同的驱动方向和驱动强度。因此"一刀切"的区域减排政策明显不适用，需要因地制宜和因地施策，实施碳减排和促进经济增长与碳排放的脱钩。具体而言就是：东部区域在经济增长速度方面，应保持中高速甚至中低速经济增长，更多注重经济增长的质量和效率，进一步加大节能减排技术的创新和研发，促进能源强度的持续下降。中西部区域经济增长仍要保持一定的速度，发展依然是解决包括环境在内的一系列问题的根本和关键；中西部区域应继续加大能源结构优化力度，降低煤炭在能源消费结构中的比重，经济结构调整的重点在于调整第二产业内部结构，促进经济结构优化升级，大力发展新兴产业，改造提升传统产业，淘汰落后产业。在对外开放度方面，扩大西部区域经济出口规模有利于经济增长与碳排放的脱钩，而中部区域应调整出口产品出口结构，出口高附加值、科技含量高的产品，降低出口过程中的碳泄漏。

7

研究结论与政策建议

在过去较长一段时期，人民日益增长的物质文化需要同落后的社会生产之间的矛盾决定了中国要以经济建设为中心，因而中国经济增长走的是以能源驱动的粗放型发展道路。时过境迁，随着中国社会经济的发展和社会主要矛盾的变化，节能减排、降低中国在经济发展过程中的碳排放量成为中国在经济社会发展中的硬性约束性指标。"十一五"和"十二五"时期，中国分别实施了能源强度控制目标和碳排放强度控制目标，能源效率和碳排放效率得到显著提高，但能源消费和碳排放快速增长的趋势仍未发生显著改变。2015年中国提出了碳排放峰值控制目标，意味着"十三五"时期以及今后较长时期中国要实现经济增长与碳排放脱钩目标。碳排放空间逐步成为制约区域经济增长的稀缺战略性资源。一方面，中国在国际上承担着较大的减排压力，中国的排放何时达到峰值是国际社会关注的焦点；另一方面，在城镇化和工业化过程中，面临着经济增长与碳排放的"两难困境"。因此，摸清中国各区域能源消费碳排放现状，探析中国各区域碳排放中的不平衡性和发展趋势，研究中国区域经济增长与碳排放的脱钩状态和影响因素具有一定的现实意义。

本章结构安排如下。首先，对前文的研究内容进行回顾并总结本书的主要研究结论；其次，根据实证研究结果提出一些促进中国经济增长与碳排放由"两难困境"到"双赢区间"转变的政策建议；最后，对本书研究的不足以及尚需进一步研究的内容进行阐述，对后续研究进行展望。

7.1 研究结论

7.1.1 能源消费碳排放测算方法的改进具有一定的科学性

与已有有关碳排放研究文献不同，本书并未对中国区域碳排放量情况进行简单粗略的估算。基于省域碳排放数据缺失以及现有文献碳排放估算结果差异较大的客观情况，探索了能源消费碳排放测算的改进方法。以2006IPCC指南和省级指南推荐的二氧化碳测算的参考方法，即排放因子法为能源消费碳排放测算基本框架，依据该框架以影响能源消费二氧化碳排放量大小和不确定性因素的选择和处理为探讨对象，探究碳排放测算的具体改进方法。

（1）能源消费活动水平数据来源。能源消费二氧化碳排放测算的基础能源数据大致分为"分地区分品种能源消费量""分行业能源消费总量"和"能源平衡表"。相比其他两组数据，依据"能源平衡表"测算的碳排放，不仅能够考虑能源加工转换过程的能源消费，而且能够避免火力发电与供热部分的重复计算，是目前计算能源消费碳排放最为常用的数据之一。因此，能源消费碳排放测算中能源活动水平数据采用《中国能源统计年鉴》中的能源平衡表（实物量）。同时，厘清能源平衡表中列项和横项数据关系是正确解读能源平衡表的关键，也是进行能源消费碳排放测算数据来源的基础。研究认为能源消费碳排放测算依据的能源活动水平数据应以"能源平衡表（实物量）"中的终端消费量为基础，加上损失量、加工转换损失量，再减去用作原材料的能源。

（2）能源消费种类选取。理论上，能源消费碳排放测算在避免重复计算的前期下，应尽可能地包括能源平衡表中的能源类别。本书认为能源消费类别的选取应遵循以下原则：一是全面性，为了保证能源消费碳排放测算的完整性，应尽量纳入各能源类别；二是一致性，为了保证碳排放测算结果的一致性和可比性，纳入测算的各能源类别前后各期应当一致，不得随意变更；三是便利性，在碳排放测算结果偏差较小的情况下，应把关键能源类别纳入测算。最终，经归并调整后，本书选取的能源类别有原煤、其他洗煤、焦炭、型煤、其他煤气、洗精煤、焦炉煤气、其他焦化产品、原油、柴油、汽油、煤油、液化石油气、燃料油、炼厂干气、其他石油制品、液化天然气、天然气、热力、电力等 20 种。其中，热力和电力能源的处理对碳排放测算结果影响较大。

（3）能源单位热值碳排放因子。为了便于统一核实和比较省级化石燃料的二氧化碳排放量，应采用省级指南推荐的化石燃料燃烧温室气体排放因子，省级指南排放因子缺失时利用 IPCC 国家温室气体清单指南推荐的缺省排放因子。

（4）测算了中国 1991—2015 年能源消费碳排放量。测算结果与世界银行数据库（Databank）和国际能源署（IEA）发布的中国碳排放数据进行比较，三组数据变化走势具有高度的一致性，且本书测算数据碳排放量处于两大机构发布的碳排放量之间，验证了本书改进的能源消费碳排放测算方法具有一定的合理性和可行性。

7.1.2 碳排放强度下降显著，碳排放增长迅速，区域碳排放差异明显

（1）总体来看，研究期内，尤其是"十一五"和"十二五"期间，中国能源消费碳排放量迅速增长，碳减排面临较大的压力，同时人均碳排放相应增加。尽管碳排放强度下降明显，相对减排成效显著，但仍高于发达国家甚至部分发展中国家水平，碳减排形势不容乐观。

（2）从三大区域比较来看，东部地区碳排放量和人均碳排放高于中部和西部地区，而东部地区碳排放强度低于中部和西部地区，东部碳排放效率较高，西部碳排放效率最低。区域差异的原因之一是碳排放测算以生产地为原则，没有考虑碳排放在区域间的转移。

（3）从空间探索性分析来看，相关分析表明碳排放强度和人均碳排放均具有较强的空间相关性，人均碳排放空间相关性要大于碳排放强度空间相关性。从趋势来看，碳排放强度空间相关性有增强的趋势，而人均碳排放空间相关性有减弱的趋势。

7.1.3 中国碳排放强度整体呈发散趋势，但存在局部收敛

（1）中国省域碳排放强度不存在 β 绝对收敛和 β 条件收敛，表明中国省

域碳排放强度不会自动下降到统一的"稳态"水平或者是各自的"稳态"水平。因此，在碳减排过程中，政府实施节能减排、产业结构、能源结构调整等政策干预是必不可少的。

（2）从收敛速度来看，中部地区碳排放强度 β 绝对收敛速度最快，东部次之，西部收敛速度最慢；中部地区碳排放强度 β 条件收敛速度最快，西部次之，东部收敛速度最慢；条件收敛速度都大于绝对收敛速度。

（3）从空间相互作用来看，东部地区相邻省域的碳排放强增长率与本地区的碳排放强度下降率存在一定的负向影响，即产生一定的间接收敛效应；中部和西部地区相邻省域的碳排放强增长率与本地区的碳排放强度下降率存在一定的正向影响，相邻省域碳排放强度水平也对区域收敛产生了显著促进作用。

（4）从碳排放强度收敛影响因素来看，GDP 增长率对三大区域碳排放强度收敛均产生显著的负向影响；能源消费结构变化率、人口数量变动率对东部和西部碳排放强度收敛产生显著的负向影响；产业结构变动率也对西部碳排放强度收敛产生显著的负向影响。

7.1.4 碳排放脱钩存在较大的时空区域差异性

（1）总体来看，"九五"和"十二五"时期脱钩状态最为理想，三大区域和各省份碳排放脱钩状态呈现"M"特征；时间纵向比较来看，三大区域脱钩指数在三个时期逐步提高，东部脱钩指数最大，中部次之，西部最小，表明中国经济高速增长的同时，节能减排效果显著。

（2）总体上主要处于增长连接和扩张性负脱钩状态，北京、上海、湖北等省份能在"十三五"时期实现经济发展与碳排放绝对数量的率先脱钩，大多省份碳排放脱钩存在一定的不确定性。

（3）中国中部区域能率先实现 2030 年碳排放强度比 2005 年下降 60% ~ 65% 的承诺。2030 年左右碳排放强度目标的实现在省域间存在较大差异，云南、北京、湖北、湖南、贵州、重庆在"十三五"时期能实现碳排放强度比 2005 年下降 65% 的目标，新疆、海南、宁夏、陕西等省份 2030 年较难实现碳排放强度比 2005 年下降 60% ~ 65% 的目标。

（4）能源强度的降低是各区域实现经济增长与碳排放脱钩共同的主要正向驱动因素，其他因素在不同区域体现了不同的驱动方向和驱动强度。

7.2 政策建议

7.2.1 强化碳排放统计与核算，加强中国碳排放国际话语权

碳排放权日益成为国际话语权和发展权，已然成为一种战略资源。加强碳排放统计与核算具有重大意义，可以增加中国在国际上的碳话语权，另外也是中国碳排放政策制定的标尺和进行碳排放相关问题研究的基础。核算范围上，重点应放在国家和省级层面；核算方法上，为保证核算结果的国际可比性，应参考 IPCC 推荐的方法；核算内容上，应包括五大类气体、五种活动，当然以二氧化碳气体和能源活动为主，同时可以参考 GDP 核算的"统一核算制度"和"一套表制度"。

7.2.2 碳约束指标分配以生产者责任原则为主，兼顾消费者责任原则

碳排放核算大多基于生产者责任原则，本书能源消费碳排放测算同样是生产者责任原则，但生产者责任碳排放核算有利于东部经济发达地区，消费者责任碳排放核算有利于能源富集省份和经济较落后省份。无论是历史累计碳排放量还是年度碳排放量，河北、山西、内蒙古等能源输出省份和山东、辽宁、江苏等经济发达省份都位于前列。从碳排放强度来看，2015 年碳排放强度高的省份依次为宁夏、山西、新疆、内蒙古和甘肃，碳排放强度较小省份依次为北京、广东、浙江、重庆和福建，碳排放强度最大省份山西是最小省份海南的 14.04 倍，能源资源丰富且经济欠发达的西部区域碳排放强度较高，而经济发达区域碳排放强度较低。从碳排放强度目标来看，西部区域面临较大的压力。从碳排放总量目标来看，东部区域面临较大压力。因此，在碳排放约束指标分配过程中不仅要考虑各区域碳排放总量，还要考虑经济总量和碳排放强度水平。北京、上海、浙江、福建等经济发达、碳排放强度较低而碳排放总量较大

的省份应在加强碳排放强度约束的同时，更加注重碳排放总量控制，鼓励率先达到碳排放总量峰值。甘肃、宁夏、青海、新疆等经济欠发达、碳排放强度较高而碳排放总量较低的省份，应加强碳排放强度约束，同时北京、上海、浙江、福建等碳排放效率高的省份应通过技术转移，资金、人才对口援助等手段助推落后地区发展经济、提高碳排放效率，避免东部地区在助推西部落后地区经济发展时将高耗能、高污染、低产值产业向西部转移。

7.2.3 强化环境规制，兼顾区域差异性

省域碳排放强度既不存在 σ 收敛，也不存在 β 绝对收敛和 β 条件收敛，表明中国省域碳排放强度差异难以消除，要整体实现碳排放强度目标任重道远。三大区域碳排放强度收敛速度表明中部地区碳排放强度能较快地自动收敛到其自身稳态水平，西部收敛速度最慢，需要实施更为严格的环境规制。中部地区碳排放强度收敛速度快且碳排放强度水平省域间差异较小，可以考虑制定统一的碳减排政策，同时加强碳减排信息技术的沟通，强化中西部省份碳减排的协同合作和跨区域治理。西部地区碳排放强度收敛速度较慢且碳排放强度水平省域间差异较大，应根据各省情况制定不同严格程度的碳减排任务和政策，优化能源消费结构和产业结构的同时，控制 GDP 的增长速度，提高经济增长质量。

7.2.4 加大节能减排技术创新，进一步降低能源强度

能源强度的降低是各区域实现经济增长与碳排放脱钩的共同主要正向驱动因素，表明通过技术创新，进一步降低能源强度仍是实现脱钩的最有力抓手。其他碳排放影响因素存在较大的区域差异性，表明"一刀切"的区域碳减排政策明显不适用，需要因地制宜和因地施策实施碳减排，促进经济增长与碳排放的脱钩。东部区域在经济增长速度方面，应保持中高速甚至中低速经济增长，更多注重经济增长的质量和效率，进一步加大节能减排技术的创新和研发，促进能源强度的持续下降。中西部区域经济增长仍要保持一定的速度，发展依然是解决包括环境在内的一切问题的根本和关键，中西部区域应继续加大能源结构优化力度，降低煤炭在能源消费结构中的比重。经济结构调整的重点

在于调整第二产业内部结构，促进经济结构优化升级，大力发展新兴产业，改造提升传统产业，淘汰落后产业。在对外开放度方面，扩大西部区域经济出口规模有利于经济增长与碳排放的脱钩，而中部区域应调整出口产品结构，出口高附加值、科技含量高的产品，降低出口过程中的碳泄漏。

7.3 未来展望

本书从文献分析入手，从文献中获取理论支撑和研究问题缺口。基于本书改进的能源消费碳排放测算方法，测算了1995—2015年中国30省市区能源消费碳排放量，然后以所测算的碳排放量数据为"原料"，对中国碳排放特征进行了统计性描述和空间探索性分析，接着应用空间计量方法探讨了碳排放强度的收敛性，最后探讨了经济增长与碳排放脱钩的现状和影响因素。由于笔者才疏学浅和时间限制，有关中国区域碳排放收敛性及脱钩的研究难免挂一漏万，对以下问题应该进行进一步的深入研究。

（1）本书只研究了能源消费碳排放，未考虑工业生产过程、农业、土地利用变化和林业、废弃物处理方面的碳排放，同时探讨能源消费及四大部门的碳排放测算方法。进一步丰富碳排放研究的"原料"。

（2）由于时间和数据限制，本书从宏观区域角度研究碳排放收敛及脱钩问题，研究结论对行业和产业缺乏指导意义，提出的政策建议缺少"地气"。分区域、分产业研究中国碳排放收敛及脱钩问题对中国节能减排政策制定、产业结构调整和区域产业布局等具有更大的意义。

（3）尚需进一步完善碳排放绝对数量脱钩模型，如找出碳排放脱钩状态的临界值，对未脱钩状态进行更为具体的划分。

在做研究的过程中深刻感受到自己学术底子单薄，把控学术问题的能力有待提高，从而使得本书存在诸多的不足。诚然，上述问题也将是笔者今后继续研究的着力点和方向。

参考文献

[1] 荣培君,杨群涛,秦耀辰. 中国省域能源消耗碳排放安全评价 [J]. 地理科学进展,2016,35 (4):487~495.

[2] 秦耀辰,荣培君,杨群涛,等. 城市化对碳排放影响研究进展 [J]. 地理科学进展,2014,33 (11):1526~1534.

[3] 蔡风景,李元. 基于图模型方法的中国二氧化碳排放的 EKC 曲线检验及影响因素分析 [J]. 数理统计与管理,2016,35 (4):579~586.

[4] 林伯强,蒋竺均. 中国二氧化碳的环境库兹涅茨曲线预测及影响因素分析 [J]. 管理世界,2009 (4):27~36.

[5] 渠慎宁,郭朝先. 基于 STIRPAT 模型的中国碳排放峰值预测研究 [J]. 中国人口·资源与环境,2012,20 (12):10~15.

[6] 胡宗义,刘亦文,唐李伟. 低碳经济背景下碳排放的库兹涅茨曲线研究 [J]. 统计研究,2013 (2):73~79.

[7] 许广月,宋德勇. 中国碳排放环境库兹涅茨曲线的实证研究——基于省域面板数据 [J]. 中国工业经济,2010,266 (5):37~47.

[8] 胡初枝,黄贤金,钟太洋. 中国碳排放特征及其动态演进分析 [J]. 中国人口·资源与环境,2008,18 (3):38~42.

[9] 田超杰. 技术进步对经济增长与碳排放脱钩关系的实证研究——以河南省为例 [J]. 科技进步与对策,2013,30 (14):29~31.

[10] 王良举,王永培,李逢春. 环境库兹涅茨曲线存在吗?——来自 CO_2 排放量的国际数据验证 [J]. 软科学,2011 (8):35~39.

[11] 刘强. 中国经济增长的收敛性分析 [J]. 经济研究, 2001 (6): 70~77.

[12] 王铮, 葛昭攀. 中国区域经济发展的多重均衡与转变前兆 [J]. 中国社会科学, 2002 (4): 31~40.

[13] 林毅夫, 刘培林. 中国的经济发展战略与地区收入差距 [J]. 经济研究, 2003 (3): 19~25.

[14] 钟太洋, 黄贤金, 王柏源. 经济增长与建设用地扩张的脱钩分析 [J]. 自然资源学, 2010, 25 (1): 18~31.

[15] 赵一平, 孙启宏, 段宁. 中国经济增长与能源消费响应关系研究——基于相对脱钩与"复钩"理论的实证研究 [J]. 科研管理, 2006, 27 (3): 128~133.

[16] 陈百明, 杜红亮. 试论耕地占用与GDP增长的脱钩研究 [J]. 资源科学, 2006, 28 (5): 36~42.

[17] 杨克, 陈百明, 宋伟. 河北省耕地占用与GDP增长的脱钩分析 [J]. 资源科学, 2009, 31 (11): 1940~1946.

[18] 夏勇, 钟茂初. 经济增长与环境污染脱钩理论及EKC假说的关系——兼论中国地级城市的脱钩划分 [J]. 中国人口·资源与环境, 2016, 26 (10): 8~16.

[19] 诸大建, 邱寿丰. 城市循环经济规划的分析工具及其应用: 以上海市为例 [J]. 城市规划, 2007, 31 (3): 64~69.

[20] 陆钟武, 王鹤鸣, 岳强. 脱钩指数: 资源消耗、废物排放、与经济增长的定量表达 [J]. 资源科学, 2011, 33 (1): 2~9.

[21] 王金南, 蔡博峰, 严刚, 等. 排放强度承诺下的二氧化碳排放总量控制研究 [J]. 中国环境科学, 2010, 30 (11): 1568~1572.

[22] 齐绍洲, 付坤. 低碳经济转型中省级碳排放核算方法比较分析 [J]. 武汉大学学报: 哲学社会科学版, 2013 (2): 85~92.

[23] 陈红敏. 国际碳核算体系发展及其评价 [J]. 中国人口·资源与环境, 2011 (9): 111~116.

[24] 刘强, 庄幸, 姜克隽, 等. 中国出口贸易中的载能量及碳排放量分析 [J]. 中国工业经济, 2008 (8): 46~55..

[25] 张智慧, 尚春静, 钱坤. 建筑生命周期碳排放评价 [J]. 建筑经济,

2010 (2): 44~46.

[26] 张陶新, 周跃云, 芦鹏. 中国城市低碳建筑的内涵与碳排放量的估算模型 [J]. 湖南工业大学学报, 2011, 25 (1): 77~80.

[27] 刘红光, 刘卫东, 唐志鹏, 等. 中国区域产业结构调整的二氧化碳减排效果分析: 基于区域间投入产出表的分析 [J]. 地域研究与开发, 2010, 29 (3): 129~135.

[28] 孙建卫, 陈志刚, 赵荣钦, 等. 基于投入产出分析的中国碳排放足迹研究 [J]. 中国人口·资源与环境, 2010, 20 (5): 28~34.

[29] 何艳秋. 行业完全碳排放的测算及应用 [J]. 统计研究, 2012, 29 (3): 67~73.

[30] 刘宇, 吕郛康, 周梅芳. 投入产出法测算二氧化碳排放量及其影响因素分析 [J]. 中国人口·资源与环境, 2015, 25 (9): 21~28.

[31] 姚亮, 刘晶茹. 中国八大区域间碳排放转移研究 [J]. 中国人口·资源与环境, 2010, 20 (12): 16~19.

[32] 赵慧卿, 郝枫. 中国区域碳减排责任分摊研究 [J]. 北京理工大学学报: 社会科学版, 2013, 15 (6): 27~32.

[33] 肖雁飞, 万子捷, 刘红光. 中国区域产业转移中"碳排放转移"及"碳泄漏"实证研究 [J]. 财经研究, 2014, 40 (2): 75~84.

[34] 赵慧卿. 中国各地区碳减排责任再考察 [J]. 经济经纬, 2013 (6): 7~12.

[35] 石敏俊, 张卓颖. 中国省区间投入产出模型与区际经济联系 [M]. 北京: 科学出版社, 2012: 19~28.

[36] 何建坤. 二氧化碳排放峰值分析: 中国的减排目标与对策 [J]. 中国人口·资源与环境, 2013, 23 (12): 1~9.

[37] 李忠民, 孙耀华. 基于IPAT公式的省际间碳排放驱动因素比较研究 [J]. 科技进步与对策, 2011, 28 (2): 39~42.

[38] 许广月, 宋德勇. 中国出口贸易、经济增长与碳排放关系的实证研究 [J]. 国际贸易问题, 2010 (1): 74~79.

[39] 宋德勇, 刘习平. 中国省际碳排放空间分配研究 [J]. 中国人口·资源与环境, 2013, 23 (5): 7~13.

[40] 郝千婷, 黄明祥, 包刚. 碳排放核算方法概述与比较研究 [J]. 中

国环境管理, 2011 (4): 51~55.

[41] 曲建升, 王琴, 陈发虎, 等. 中国二氧化碳排放的区域分析 [J]. 第四纪研究, 2010, 30 (3): 466~472.

[42] 赵敏, 张卫国, 俞立中. 上海市能源消费碳排放分析 [J]. 环境科学研究, 2009, 22 (8): 984~989.

[43] 刘春兰, 陈操操, 陈群, 等. 1997年至2007年北京市二氧化碳排放变化机理研究 [J]. 资源科学, 2010, 32 (2): 235~241.

[44] 张秀梅, 李升峰, 黄贤金, 等. 江苏省1996年至2007年碳排放效应及时空格局分析 [J]. 资源科学, 2010, 32 (4): 768~775.

[45] 翟石艳, 王铮, 马晓哲, 等. 区域碳排放量的计算——以广东省为例 [J]. 应用生态学报, 2011, 22 (6): 1543~1551.

[46] 丛建辉, 朱婧, 陈楠等. 中国城市能源消费碳排放核算方法比较及案例分析——基于"排放因子"与"活动水平数据"选取的视角 [J]. 城市问题, 2014 (3): 5~11.

[47] 王小辉, 陈报章, 张慧芳. 省级碳清单不确定性分析——基于陕西省2000—2012年碳排放测算 [J]. 干旱区资源与环境, 2015, 29 (7): 7~11.

[48] 许广月. 碳排放收敛性: 理论假说和中国的经验研究 [J]. 数量经济技术经济研究, 2010 (9): 31~42.

[49] 高广阔, 马海娟. 中国碳排放收敛性: 基于面板数据的分位数回归 [J]. 统计与决策, 2012 (18): 25~28.

[50] 刘华军, 鲍振, 杨骞. 中国二氧化碳排放的分布动态与演进趋势 [J]. 资源科学, 2013 (10): 1925~1932.

[51] 张陶新. 全球碳排放的区域差异与收敛性分析 [J]. 世界地理研究, 2013, 22 (2): 27~33.

[52] 陈志建, 王铮, 孙翊. 中国区域人均碳排放的空间格局演变及俱乐部收敛分析 [J]. 干旱区域资源与环境, 2015, 29 (4): 24~29.

[53] 许广月. 碳强度俱乐部收敛性理论与证据: 兼论中国碳强度降低目标的合理性和可行性 [J]. 管理评论, 2013, 25 (4): 48~58.

[54] 胡宗义, 唐李伟, 苏静. 省域碳排放强度的收敛性与动态演进 [J]. 资源科学, 2015, 37 (1): 142~151.

[55] 佟昕. 中国区域碳排放的收敛性研究 [J]. 东北大学学报 (社会科

学版），2017，19（4）：364~370．

[56] 孙耀华，仲伟周．中国省际碳排放强度收敛性研究——基于空间面板模型的视角 [J]．经济管理，2014，36（12）：31~40．

[57] 陈青青，龙志和．中国区域二氧化碳排放收敛的空间计量分析 [J]．资源与产业，2011（6）：128~134．

[58] 张翠菊，覃明锋．基于空间效应的中国区域碳排放强度收敛分析 [J]．生态经济，2017，33（11）：14~20．

[59] 林伯强，黄光晓．梯度发展模式下中国区域碳排放的演化趋势——基于空间分析的视角 [J]．金融研究，2011（12）：35~46．

[60] 杨骞，刘华军．中国碳强度分布的地区差异与收敛性——基于1995—2009年省际数据的实证研究 [J]．当代财经，2012，327（2）：87~98．

[61] 孙传旺，刘希颖，林静．碳强度约束下中国全要素生产率测算与收敛性研究 [J]．金融研究，2010（6）：17~33．

[62] 魏梅，曹明福，江金荣．生产中碳排放效率长期决定以及收敛性分析 [J]．数量经济技术经济研究，2010（9）：43~52．

[63] 杨骞，赵浩．中国二氧化碳排放强度的地区差异分析 [J]．统计研究，2012，29（6）：46~51．

[64] 方齐云，吴光豪．城市二氧化碳排放和经济增长的脱钩分析——以武汉市为例 [J]．城市问题，2016，248（3）：56~61．

[65] 邱强，方鑫，左翔．城市化对碳排放非线性脱钩效应的研究——基于 Tapio 脱钩模型的估计 [J]．现代经济探讨，2017（5）：76~83．

[66] 孙叶飞，周敏．中国能源消费经济增长与碳排放脱钩关系及驱动因素研究 [J]．经济与管理评论，2017（6）：21~30．

[67] 涂红星，肖序，许松涛．基于 LMDI 的中国工业行业碳排放脱钩分析 [J]．中南大学学报（社会科学版），2014，20（4）：31~36．

[68] 仲伟周，孙耀华，庆东瑞．经济增长、能源消耗与二氧化碳排放脱钩关系研究 [J]．审计与经济研究，2012，27（6）：99~105．

[69] 冯宗宪，陈志伟．基于区域能源经济增长与碳排放的脱钩趋势分析 [J]．华东经济管理，2015，29（1）：50~54．

[70] 公维凤，周德群，王传会．省际低碳经济增长路径优化及碳排放脱钩预测 [J]．科研管理，2013，34（5）：111~120．

[71] 齐绍洲，林屾，王班班．中部六省经济增长方式对区域碳排放的影响——基于 Tapio 脱钩模型、面板数据的滞后期工具变量法的研究［J］．中国人口·资源与环境，2015，25（5）：59~66．

[72] 孙耀华，李忠民．中国各省区经济发展与碳排放脱钩关系研究［J］．中国人口·资源与环境，2011，21（5）：87~92．

[73] 胡渊，刘桂春，胡伟．中国能源碳排放与 GDP 的关系及其动态演变机制基于脱钩与自组织理论的实证研究［J］．资源开发与市场，2015，31（11）：1358~1362．

[74] 吴振信，石佳．基于 IGT 方程的北京地区经济增长与碳排放脱钩特征研究［J］．中国市场，2014（4）：8~11．

[75] 刘明达，蒙吉军，刘碧寒．国内外碳排放核算方法研究进展［J］．热带地理，2014，34（2）：248~258．

[76] 彭佳雯，黄贤金，钟太洋，等．中国经济增长与能源碳排放的脱钩研究［J］．资源科学，2011，33（4）：626~633．

[77] 张腾飞，杨俊，盛鹏飞．城镇化对中国碳排放的影响及作用渠道［J］．中国人口·资源与环境，2016，26（2）：47~57．

[78] 杜官印，蔡运龙，李双成．1997—2007 年中国分省化石能源碳排放强度变化趋势分析［J］．地理与地理信息科学，2010，26（5）：76~81．

[79] 孙焱林，何莲，温湖炜．异质性视角下中国省域碳排放效率及其影响因素研究［J］．工业技术经济，2016，35（4）：117~123．

[80] 刘竹，耿涌，薛冰，等．城市能源消费碳排放核算方法［J］．资源科学，2011，33（7）：1325~1330．

[81] 李国志，李宗植．中国二氧化碳排放的区域差异和影响因素研究［J］．中国人口·资源与环境，2010，20（5）：22~27．

[82] 崔琦，杨军，董琬璐．中国碳排放量估计结果及差异影响因素分析［J］．中国人口·资源与环境，2016，26（2）：34~40．

[83] 孙建卫，赵荣钦，黄贤金，等．1995—2005 年中国碳排放核算及其因素分解研究［J］．自然资源学报，2010，25（8）：1284~1295．

[84] 孙振清，汪国军，陈亚男．基于能源平衡表的碳排放清单核算不确定性分析［J］．生态经济（中文版），2015，31（7）：33~38．

[85] 赵敏，胡静，戴杰，等．基于能源平衡表的二氧化碳排放核算研究

[J]. 生态经济（中文版），2012（11）：30~32.

[86] 吴玉鸣，吕佩蕾. 空间效应视角下中国省域碳排放总量的驱动因素分析 [J]. 桂海论丛，2013，29（1）：40~45.

[87] 徐国泉，刘则渊，姜照华. 中国碳排放的因素分解模型及实证分析：1995—2004 [J]. 中国人口·资源与环境，2006，16（6）：158~161.

[88] 邢芳芳，欧阳志云，王效科，等. 北京终端能源消费清单与结构分析 [J]. 环境科学，2007，28（9）：1918~1923.

[89] 舒娱琴. 中国能源消费碳排放的时空特征 [J]. 生态学报，2012，32（16）：4950~4960.

[90] 付云鹏，马树才，宋琪. 中国区域碳排放强度的空间计量分析 [J]. 统计研究，2015，32（6）：67~73.

[91] 宋杰鲲，牛丹平，曹子建，等. 中国省域碳排放测算及配额分配 [J]. 技术经济，2015，35（11）：79~87.

[92] 朱帮助，王克凡，王平. 中国碳排放增长分阶段驱动因素研究 [J]. 经济学动态，2015（12）：79~89.

[93] 段靖，严岩，王丹寅，等. 流域生态补偿标准中成本核算的原理分析与方法改进 [J]. 生态学报，2010，30（1）：221~227.

[94] 朱松丽. 中国二氧化碳排放数据比较分析 [J]. 气候变化研究进展，2013，9（4）：266~274.

[95] 刘立涛，张艳，沈镭，等. 水泥生产的碳排放因子研究进展 [J]. 资源科学，2014，36（1）：110~119.

[96] 刘志红，曹俊文. 碳排放强度与经济增长的关系：基于数量脱钩的实证研究 [J]. 经济问题探索，2017（11）：141~147.

[97] 侯光雷，王志敏，张红岩，等. 基于探索性空间分析的东北经济区城市竞争力研究 [J]. 地理与地理信息科学，2010，26（4）：67~72.

[98] 赵云泰，黄贤金，钟太洋，等. 1999—2007年中国能源消费碳排放强度空间演变特征 [J]. 环境科学，2011，32（11）：3145~3152.

[99] 李国平，王春杨. 中国省域创新产出的空间特征和时空演化——基于探索性空间数据分析的实证 [J]. 地理研究，2012，31（1）：95~106.

[100] 彭水军，张文城，孙传旺. 中国生产侧和消费侧碳排放量测算及影响因素研究 [J]. 经济研究，2015（1）：168~182.

[101] 王安静, 冯宗宪, 孟渤. 中国30省份的碳排放测算以及碳转移研究 [J]. 数量经济技术经济研究, 2017 (8): 89~104.

[102] 罗胜. 中国省域碳排放核算与责任分摊研究 [J]. 上海经济研究, 2016 (4): 45~53.

[103] 约翰斯顿, 迪纳尔多. 计量经济学方法（第四版）[M]. 唐齐鸣, 林少宫, 等译. 北京: 中国经济出版社, 2002: 288~326.

[104] 陶长琪. 计量经济学教程 [M]. 复旦大学出版社: 上海, 2012: 314~352.

[105] 李子奈. 计量经济学应用研究的总体回归模型设定 [J]. 经济研究, 2008 (8) 136~143.

[106] 陶长琪, 杨海文. 空间计量模型选择及其模拟分析 [J]. 统计研究, 2014, 31 (8): 88~96.

[107] 朱平芳, 张征宇, 姜国麟. FDI与环境规制: 基于地方分权视角的实证研究 [J]. 经济研究, 2011 (6): 133~145.

[108] 李新光, 胡日东. 中国农村地区居民收入收敛的空间计量实证检验 [J]. 上海经济研究, 2014 (1): 90~103.

[109] 董锋, 杨庆亮, 龙如银, 等. 中国碳排放分解与动态模拟 [J]. 中国人口·资源与环境, 2015, 25 (4): 1~8.

[110] 盛业旭, 欧名豪, 刘琼. 资源环境脱钩测度方法: "速度脱钩"还是"数量脱钩"? [J]. 中国人口·资源与环境, 2015, 25 (3): 99~103.

[111] 陆钟武, 王鹤鸣, 岳强. 脱钩指数: 资源消耗、废物排放与经济增长的定量表达 [J]. 资源科学, 2011 (1): 2~9.

[112] 赖力, 赵小风, 陈露露. 中国温室气体排放总量控制的关键问题和实施路径初探 [J]. 中国人口·资源与环境, 2015, 25 (11): 1~5.

[113] 孙叶飞, 周敏. 中国能源消费经济增长与碳排放脱钩关系及驱动因素研究 [J]. 经济与管理评论, 2017 (6): 21~30.

[114] 邓南圣, 吴峰. 工业生态学——理论与应用 [M]. 化学工业出版社, 2002: 349~350.

[115] 宋德勇, 卢忠宝. 中国碳排放影响因素分解及其周期性波动研究 [J]. 中国人口·资源与环境, 2009, 19 (3): 18~24.

[116] 赵选民, 卞腾锐. 基于LMDI的能源消费碳排放因素分解——以陕

西省为例 [J]. 经济问题, 2015 (2): 35~39.

[117] 徐成龙, 任建兰, 巩灿娟. 产业结构调整对山东省碳排放的影响 [J]. 自然资源学报, 2014, 29 (2): 201~210.

[118] 朱勤, 彭希哲, 陆志明, 等. 中国能源消费碳排放变化的因素分解及实证分析 [J]. 资源科学, 2009 (12): 158~161.

[119] 刘年康, 汪云桥, 皮天雷. 环境污染与经济增长的脱钩分析: 来自中国1990—2010年省际面板数据的检验 [J]. 开发研究, 2012, 162 (5): 60~62.

[120] 刘卢娜, 冯淑怡, 孙华平. 江苏省不同产业碳排放脱钩及影响因素研究 [J]. 生态经济, 2017, 33 (3): 71~76.

[121] 马颖, 张铁刚, 黄新颖, 等. 金砖国家碳排放与GDP脱钩因素异质性实证研究 [J]. 统计与决策, 2016, 462 (18): 141~144.

[122] 仲云云, 仲伟周. 中国碳排放的区域差异及驱动因素分析——基于脱钩和三层完全分解模型的实证研究 [J]. 财经研究, 2011, 38 (2): 123~133.

[123] 郑凌霄, 周敏. 中国经济增长与碳排放的脱钩关系及驱动因素研究 [J]. 工业技术经济, 2015, 263 (9): 19~25.

[124] 杨嵘, 常烜钰. 西部地区经济增长与碳排放关系的脱钩及驱动因素 [J]. 经济地理, 2012, 32 (2): 34~39.

[125] 宁亚东, 章博雅, 丁涛. 长江经济带碳排放脱钩状态及其驱动因素研究 [J]. 大连理工大学学报, 2017, 57 (5): 458~465.

[126] 王云, 张军营, 赵永椿, 等. 基于二氧化碳排放因素模型的"脱钩"指标构建与评估——以山西省为例 [J]. 煤炭学报, 2011, 36 (3): 507~512.

[127] 郭朝先. 中国碳排放因素分解: 基于LMDI分解技术 [J]. 中国人口·资源与环境, 2010, 20 (12): 4~9.

[128] 车彭旭, 崔和瑞. 中国能源结构调整对碳强度的影响研究 [J]. 大连理工大学学报 (社会科学学报), 2016, 37 (1): 11~16.

[129] 张雷. 中国一次能源消费的碳排放区域格局变化 [J]. 地理研究, 2006, 25 (1): 1~8.

[130] 林伯强, 李江龙. 环境治理约束下的中国能源结构转变——基于煤炭和二氧化碳峰值的分析 [J]. 中国社会科学, 2015 (9): 84~107.

[131] 李健, 周慧. 中国碳排放强度与产业结构的关联分析 [J]. 中国人口·资源与环境, 2012, 22 (1): 7~14.

[132] 林伯强, 刘希颖. 中国城市化阶段的碳排放: 影响因素和减排策略 [J]. 经济研究, 2010 (8): 66~78.

[133] 马翠萍, 史丹. 贸易开放与碳排放转移: 来自中国对外贸易的证据 [J]. 数量经济技术经济研究, 2016 (7): 25~39.

[134] 张兵兵, 徐康宁, 陈庭强. 技术进步对二氧化碳排放强度的影响研究 [J]. 资源科学, 2014, 36 (3): 567~576.

[135] 姚西龙, 于渤. 技术进步、结构变动与工业二氧化碳排放研究 [J]. 科研管理, 2012, 33 (8): 35~40.

[136] 蒋冠宏, 蒋殿春. 中国对外投资的区位选择: 基于投资引力模型的面板数据检验 [J]. 世界经济, 2012 (9): 21~40.

[137] 吴振信, 谢晓晶, 王书平. 经济增长、产业结构对碳排放的影响分析——基于中国的省际面板数据 [J]. 中国管理科学, 2012, 20 (3): 161~166.

[138] Meadows D. H., Meadows D. I., Randers J., et al. The Limits to Growth: A Report to the Club of Rome (1972) [R]. Club of Rome, 1972.

[139] Beckerman, W. Economic Growth and the Environment: Whose Growth? Whose Environment? [J]. World Development, 1992 (25): 481~496.

[140] Bertrand M., Duflo E, Mullainathan S. How Should We Trust Differences-in-differences Estimates [J]. Quarterly Journal of Economics, 2004 (119): 249~275.

[141] Grossman, G M, Krueger, A. Economic Growth and the Environment [J]. Quarterly Journal of Economics, 1995 (110): 353~377.

[142] Panayotou, T. Empirical Tests and Policy Analysis of Environmental Degradation at Different Stages of Economic Development. Working Paper, Technology and Employment Programme, International Labor Office, Geneva, 1993.

[143] Selden T M, Song D. Environmental Quality and Development: Is There a Kuznets Curve for Air Pollution Emissions? [J]. Journal of Environmental Economics & Management, 1994, 27 (2): 147~162.

[144] Galeotti M, Lanza A, Pauli F. Reassessing the Environmental Kuznets Curve for CO_2 Emissions: Robustness Exercise [J]. Ecological Economics, 2006,

57（1）：152~163.

［145］Azomahou. T. , F. Laisney. Economic Development and CO_2 Emissions: A Nonparametric Panel Approach［J］. Journal of Public Economics, 2005, 90（6）：1347~1363.

［146］Mazzanti M. , Musolesi A. , R. Zoboli. A Bayesian Approach to the Estimation of Environmental Kuznets Curves for CO_2 Emissions［R］. Working Papers, 2006, University of Ferrara.

［147］Veblen, T. Imperial Germany and the Industrial Revolution［M］. London: Macmillan, 1915：3~13.

［148］Gerschenkron A. Economic Backwardness in Historical Perspective［M］. Cambridge: Harvard University Press, 1962：383~385.

［149］Abramovitz M. Catching up, Forging ahead, and Falling behind［J］. The Journal of Economic History, 1986, 46（2）：385~406.

［150］Solow R. A Contribution to the Theory of Economic Growth［J］. Quarterly Journal of Economics, 1956, 70（3）：65~94.

［151］Baumol, W J. Productivity Growth, Convergenceand Welfare: What the Longrun Data Show［J］. American Economic Review, 1986, （76）：1872~1885.

［152］Pagan P. On Productivity Convergence in theEuropean Community Countries：1950—1988［J］. Giornale Degli Economisti E Annali Di Economia, 1993, 52（9）：389~401.

［153］Fischer M, Stirböck C. Regional Income Convergence in the Enlarged Europe, 1995 - 2000: a spatial Econometric Perspective［R］. ZEW Discussion Papers, 2004.

［154］Wei J, Zhou J, Tian J, et al. Decoupling Soil Erosion and Human Activities on the Chinese Loess Plateau in the 20th Century［J］. Catena, 2006, 68（1）：10~15.

［155］Kovanda J, HakT. What Are the Possibilities for Graphical Presentation of Decoupling? An Example of Economy Wide Material Flow Indicators in the Czech Republic［J］. EcologicalIndicators, 2007, 7（1）：123~132.

［156］Tachibana J, Hirota K, Goto N, et al. A Method for Regionalscale Material Flow and Decoupling Analysis: A Demonstration Case Study of Aichi Prefecture,

Japan [J]. Resources, Conservation and Recycling, 2008, 52 (12): 1382~1390.

[157] TapioP, Banister David, Luukkanen Jyrki, et al. Energy and Transport in Comparison: Imaterialization, Dematerialization and Decarbonisation in the EU15 between 1970 and 2000 [J]. Energy Policy, 2007, 35 (1): 433~451.

[158] Lenzen M. Primary Energy and Greenhouse Gases Embodied in Australian Final Consumption: An Input-output Analysis [J]. Energy Policy, 1998, 26 (6): 495~506.

[159] Geng Y H, Tian M Z, Zhu Q A, et al. Quantification of Provincial Level Carbon Emissions from Energy Consumption in China [J]. Renewable and Sustainable Energy Reviews, 2011, 15 (8): 3658~3668.

[160] Strazicich M, List J. Are CO_2 Emission Levels Converging among Industrial Countries? [J]. Environmental and Resource Economics, 2003, 24 (3): 263~271.

[161] Jobert T, Karanfil F, Tykhonenko A. Convergence of Per Capita Carbon Dioxide Emissions in the EU: Legend or Reality? [J]. EnergyEconomics, 2010, 32 (6): 1364~1373.

[162] Brock William A, Taylor M Scott. The Green Solow model [J]. Journal of Economic Growth, 2010 (15): 127~153.

[163] Aldy J. Per Capita Carbon Dioxide Emissions: Convergence or Divergence? [J]. Environmental and Resource Economics, 2006, 33 (4): 533~555.

[164] Stegman A, Mc Kibbin W J. Convergenceand Per Capita Emission [R]. Brookings: International Economics Discussion Papers, 2005.

[165] Westerlund J, Basher S. Testing for Convergence in Carbon Dioxide Emissions Using a Century of Panel Data [J]. Environmental and Resource Economics, 2008, 40 (1): 109~120.

[166] Lee C C, Chang C P. Stochastic Convergence of Per Capita Carbon Dioxide Emissions and Multiple Structural Breaks in OECD Countries [J]. Economic Model, 2009, 26 (6): 1375~1381.

[167] Nguyen-Van P. Distribution Dynamics of CO_2 Emissions [J]. Environmental and Resource Economics, 2005, (32): 495~508.

[168] Ernesto Jauregui. Heat Island Development in Mexico City [J]. Atmos-

pheric Environment, 1997 (11): 3821~3831.

[169] OECD. Indicators to Measure Decoupling of Environmental Pressures from Economic Growth [R]. Paris: OECD, 2002.

[170] Tapio P. Towards a Theory of Decoupling: Degrees of Decoupling in the EU and the Case of Road Traffic in Finland between 1970 and 2001 [J]. Journal of Transport Policy, 2005, (12): 137~151.

[171] Juknys R. Transition Period in Lithuania——Do We Move to Sustainability? [J]. Environmental Research, Engineering and Management, 2003, 4 (26): 4~9.

[172] Wang W W., Liu R., Zhang M., et al. Decomposing the Decoupling of Energy Related CO_2 Emissions and Economic Growth in Jiangsu Province [J]. Energy for Sustainable Development, 2013, (17): 62~71.

[173] Ren S G., Yin H Y, Chen XH. Using LMDI to Analyze the Decoupling of Carbon Dioxide Emissions by China's Manufacturing Industry [J]. Environmental Development, 2014, (9): 61~75.

[174] Zhang Y J., Da Y B. The Decomposition of Energy Related Carbon Emission and Its Decoupling with Economic Growth in China [J]. Renewable and Sustainable Energy Reviews, 2015, (41): 1255~1266.

[175] Guan D, Liu Z, Geng Y, et al. The Gigatonne Gap in China's Carbon Dioxide Inventories [J]. Nature Climate Change, 2012, 2 (9): 672~675.

[176] Hampson R, Simeral J, Deadwyler S. Distribution of Spatial and Non – spatial Information in Dorsal Hippocampus [J]. Nature, 1999, 402 (6762): 610~614.

[177] Cliff A D, Ord J. Spatial Processes, Models and Applications [M]. London: Pion, 1981. 68~100.

[178] Ye X Y, Rey S. A Framework for Exploratory Space – time Analysis of Economic Data [J]. The Annals of Regional Science, 2013, 50 (1): 315~339.

[179] Goodchild M F, Glennon A. Representation and Computation of Geographic Dynamics [C]. Hornsby K S, Yuan M. Understanding Dynamics of Geographic Domains. BocaRaton, FL: CRC Press: 13~30.

[180] Rey S J, Janikas M V. STARS: Space – time Analysis of Regional Systems [J]. Geographical Analysis, 2006, 3838 (1): 67~86.

[181] RJ Barro, OJ Blanchard, RE Hall. Convergence across States and Regions [J]. Brookings Papers on EconomicActivity, 1991 (1): 107~182.

[182] Haining R P. Spatial Data Analysis in the Social and Environmental Sciences [M]. London: Cambridge University Press, 1993: 287~288.

[183] AnselinL. Spatial Econometrics: Methods and Models [J]. Economic Geography, 1988, 65 (2): 160~162.

[184] Anselin, L. Simple Diagnostic Tests for Spatial Dependence [J]. Regional Science and Urban Economics, 1996 (1): 77~104.

[185] ChenY Y. Reconstructing the Mathematical Process of Spatial Autocorrelation Based on the Moran Statistic [J]. Geographical Research, 2009, 28 (6): 1449~1463.

[186] AnselinL, Hudak S. Spatial Econometrics in Practice: A Review of Software Options [J]. Regional Science & Urban Economics, 1992, 22 (3): 509~536.

[187] Wang J Chen, Zou J. Decomposition of Energy——Related CO_2 Emission in China: 1957~2000 [J]. Energy, 2005, 30 (1): 73~83.

[188] Cole M, Elliott R, Wu S. Industrial Activity and the Environment in China: An Industry Level Analysis [J]. China Economic Review, 2008, 19 (3): 393~408.

[189] Chang Ning. Changing Industrial Structure to Reduce Carbon Dioxide Emissions: A Chinese Application [J]. Journal of Cleaner Production, 2015, 103 (15): 40~48.

[190] Hübler M. Can Carbon Based Import Tariffs Effectively Reduce Carbon Emissions? [R], Kiel Institute for the World Economy, Kiel Working Paper 2009, 50 (11): 315~327.

附录 相关附表

附表1　中国经济增长与碳排放脱钩指数（1996—2005）

	1996	1997	1998	1999	2000	2001	2002	2003	2004	2005
北京	-4.46	1.25	0.88	0.79	0.64	0.69	0.92	0.62	0.07	0.68
天津	1.26	0.46	1.03	0.59	-0.05	0.59	0.62	0.36	-0.03	0.56
河北	0.77	0.73	0.91	0.61	0.48	0.38	-0.31	-0.13	-0.13	-0.73
山西	0.71	1.22	-1.27	4.17	0.44	0.35	-0.53	0.28	0.57	0.23
内蒙古	-0.18	-0.61	1.80	0.43	0.09	0.55	0.16	-0.44	-0.35	-0.01
辽宁	1.00	0.78	1.27	0.75	-0.40	0.99	0.50	-0.20	-1.56	0.20
吉林	0.34	0.81	2.08	0.78	1.11	0.60	0.53	-0.24	0.24	-0.38
黑龙江	1.02	0.06	2.48	0.72	0.61	2.40	1.07	-0.32	0.11	-0.08
上海	0.66	0.69	0.87	0.52	0.18	0.67	0.45	0.27	0.50	0.34
江苏	0.85	1.20	0.67	0.65	0.50	0.84	0.28	0.02	-0.71	-0.45
浙江	0.11	0.55	0.92	0.35	-0.68	0.68	0.01	0.28	-0.38	-0.48
安徽	0.57	1.09	0.10	0.44	-1.79	-0.08	0.36	-0.30	0.63	0.30
福建	0.33	1.04	0.46	-0.03	-0.20	0.67	-0.88	-1.03	-1.06	-1.08
江西	1.13	1.20	1.11	-1.45	0.32	0.50	0.58	-0.52	-0.37	0.20
山东	0.66	0.88	1.19	0.88	1.21	-2.00	0.21	-0.50	-0.56	-0.99
河南	0.77	1.15	0.50	0.44	0.42	-0.16	-0.06	0.73	-1.26	-0.11
湖北	0.61	0.59	1.24	0.41	0.68	0.87	0.11	-0.16	0.05	0.05
湖南	0.70	2.07	0.66	2.72	1.22	-5.72	0.06	-0.39	-0.64	-1.41
广东	-0.16	0.83	0.52	0.09	-0.01	0.67	0.37	0.04	-0.19	0.20
广西	0.94	2.21	0.66	0.92	-1.42	0.92	0.58	-1.06	-1.10	0.15
海南	-12.33	-0.62	-0.62	-0.08	-0.26	0.12	-4.71	-3.35	2.34	2.68
重庆	0.56	1.67	-0.20	-0.24	1.05	1.62	0.19	1.70	-0.21	-0.62
四川	0.66	0.94	0.95	3.56	0.94	0.93	-0.54	-1.52	-0.22	0.44
贵州	-2.44	0.10	0.19	1.59	0.61	1.14	0.42	-1.24	-0.62	0.90
云南	0.42	-0.04	1.12	1.95	0.92	0.28	-1.62	-2.39	-0.84	-1.03
陕西	-0.20	1.52	1.03	1.71	1.18	0.24	-0.21	-0.15	-0.67	0.11
甘肃	0.70	1.17	0.85	0.85	-1.05	0.74	0.36	-0.14	-0.04	0.13
青海	2.03	0.12	0.97	-0.56	2.16	-0.60	0.68	-0.18	0.35	-0.90
宁夏	0.38	0.68	1.11	0.98	0.93	-1.08	-2.06	-0.67	1.22	-0.27
新疆	-1.42	0.88	0.56	1.31	0.50	0.57	0.42	0.33	-0.43	-0.05
东部	0.69	0.83	0.93	0.58	0.22	0.59	0.27	0.00	-0.31	-0.34
中部	0.74	1.01	1.03	1.31	0.57	-0.54	-0.08	-0.03	-0.04	-0.09
西部	0.26	0.75	0.92	1.47	0.55	0.53	-0.10	-0.64	-0.39	0.02

注：各年脱钩指数是以上一年为基期，为"数量脱钩"指数。

附表2　　中国经济增长与碳排放脱钩指数（2006—2015）

	2006	2007	2008	2009	2010	2011	2012	2013	2014	2015
北京	0.70	0.44	0.65	0.68	0.78	1.92	0.76	1.96	0.48	1.35
天津	0.30	0.28	0.86	0.34	-0.44	0.24	0.85	0.63	1.34	1.35
河北	0.22	0.08	0.51	0.13	0.26	-0.16	0.72	0.94	2.83	1.72
山西	-0.02	0.62	1.16	2.32	0.49	0.18	0.16	-0.07	36.67	-22.82
内蒙古	-1.49	1.48	0.13	0.35	0.13	-0.71	0.47	1.51	0.39	1.96
辽宁	0.26	0.29	0.59	0.62	0.25	0.36	0.56	1.52	0.94	38.56
吉林	0.52	0.54	-0.02	0.73	0.12	-0.25	1.01	1.50	1.12	4.53
黑龙江	0.21	-0.22	0.27	-0.29	2.30	-2.50	0.23	2.84	0.54	3.33
上海	0.96	0.66	-0.24	1.00	-4.56	6.44	1.51	0.20	2.12	0.47
江苏	0.22	0.25	0.78	0.54	0.05	-0.53	0.67	0.66	1.00	0.50
浙江	0.00	-0.09	0.63	0.42	0.48	0.06	1.56	0.88	1.14	0.77
安徽	0.23	0.01	-0.22	0.24	0.52	0.44	0.50	0.14	0.53	0.92
福建	0.02	0.02	0.44	-0.34	0.12	-0.35	0.99	1.23	-0.52	1.36
江西	0.32	0.18	0.77	0.48	-0.06	0.26	0.87	0.20	0.73	0.28
山东	0.00	0.04	0.41	0.53	-0.29	0.23	0.30	1.28	-0.04	-0.07
河南	-0.07	0.13	0.65	0.68	0.23	-0.28	1.75	1.17	0.81	0.92
湖北	-0.07	0.22	1.02	0.43	0.22	-0.01	0.90	2.34	0.81	1.03
湖南	0.43	-0.12	0.95	0.54	0.51	0.12	1.05	1.30	1.22	0.21
广东	0.16	0.20	0.45	-0.03	-0.34	-0.11	1.29	1.06	0.87	0.91
广西	0.33	-0.15	0.76	-0.02	-0.36	-0.65	-0.13	1.05	0.99	1.59
海南	-2.93	-5.86	0.61	0.33	0.39	-0.30	0.53	1.74	-0.09	-0.76
重庆	-0.04	0.18	0.60	0.36	0.20	0.15	1.01	2.22	0.30	0.82
四川	0.19	0.05	0.48	0.01	0.70	0.82	0.56	0.67	2.35	-0.69
贵州	-0.19	0.38	0.73	0.04	0.84	0.24	0.39	0.66	1.10	0.93
云南	0.07	0.53	0.66	0.01	0.38	0.67	0.63	1.00	2.22	2.55
陕西	-0.34	0.25	0.33	0.24	-0.14	0.23	-0.14	0.34	0.32	1.49
甘肃	0.44	-0.12	0.73	1.10	0.15	-0.20	0.64	0.60	0.84	-2.82
青海	-0.15	-0.22	0.18	0.67	0.22	-0.71	-0.01	1.75	2.51	
宁夏	0.29	0.31	0.38	0.18	-0.08	-1.05	0.14	0.17	0.64	0.37
新疆	-0.12	-0.20	-0.06	-5.94	0.31	-0.42	-0.39	-0.36	-0.22	-2.31
东部	0.19	0.15	0.52	0.40	-0.08	0.13	0.71	1.07	0.83	0.71
中部	0.14	0.26	0.72	0.59	0.52	-0.14	0.87	1.15	0.78	0.97
西部	-0.49	0.66	0.35	0.13	0.24	-0.08	0.29	0.70	0.84	1.01

注：各年脱钩指数是以上一年为基期，为"数量脱钩"指数。

附表3　　　　中国经济增长与碳排放脱钩状态（1996—2005）

	1996	1997	1998	1999	2000	2001	2002	2003	2004	2005
北京	D	A	C	C	C	B	B	C	C	C
天津	A	C	A	C	D	C	C	C	D	C
河北	C	C	C	C	C	C	D	D	D	D
山西	C	A	D	A	C	C	D	C	D	C
内蒙古	D	D	A	C	C	C	C	D	D	D
辽宁	A	C	A	C	D	B	C	D	D	C
吉林	C	C	A	C	A	C	C	D	C	D
黑龙江	A	C	A	C	C	A	B	D	C	D
上海	C	C	C	C	C	C	C	C	C	C
江苏	C	A	C	C	C	C	C	C	D	D
浙江	C	C	C	C	D	C	C	C	D	D
安徽	C	A	C	C	D	D	C	D	C	C
福建	C	A	C	D	D	C	D	D	D	D
江西	A	A	A	D	C	C	C	D	D	C
山东	C	C	C	A	D	C	D	D	D	D
河南	C	A	C	C	C	D	C	D	D	D
湖北	C	C	A	C	C	F	C	D	C	C
湖南	C	A	C	A	A	D	C	D	D	D
广东	D	C	C	B	D	B	C	C	D	D
广西	B	A	C	C	D	C	C	D	D	C
海南	D	D	D	D	D	C	D	D	A	A
重庆	C	A	D	D	A	A	C	A	D	C
四川	C	C	B	A	C	C	D	D	D	C
贵州	D	C	C	A	C	A	C	D	D	A
云南	C	D	A	A	C	C	D	D	D	C
陕西	D	A	A	A	A	C	D	C	C	C
甘肃	C	B	C	C	D	C	C	D	D	C
青海	A	C	B	D	A	D	D	D	C	D
宁夏	C	C	C	B	D	C	C	D	A	D
新疆	D	B	C	A	C	C	C	C	D	D
东部	C	C	C	C	C	C	C	C	D	C
中部	C	A	A	C	C	C	D	D	D	C
西部	C	C	C	A	C	C	D	D	D	C

注：表中A、B、C、D分别表示图5-1中的脱钩状态，分别为"增长强脱钩""增长弱脱钩""增长连接"和"扩张负脱钩"。

附表 4　　中国经济增长与碳排放脱钩状态（2006—2015）

	2006	2007	2008	2009	2010	2011	2012	2013	2014	2015
北京	C	C	C	C	A	C	A	C	A	C
天津	C	B	C	D	C	C	C	A	A	C
河北	C	B	C	C	D	C	C	A	A	C
山西	C	B	A	C	B	C	D	E	H	C
内蒙古	A	C	C	C	D	C	A	C	A	A
辽宁	C	C	C	C	C	C	A	C	A	C
吉林	C	D	C	C	D	A	A	A	A	C
黑龙江	D	C	D	A	D	C	A	C	A	D
上海	C	D	B	D	A	A	C	A	C	C
江苏	C	C	C	C	D	C	C	A	C	C
浙江	D	C	C	C	C	A	C	A	C	D
安徽	C	D	C	C	C	C	C	C	C	C
福建	C	C	D	C	D	B	A	D	A	C
江西	C	C	C	D	C	C	C	C	C	C
山东	C	C	C	D	C	C	A	D	D	C
河南	C	C	C	C	D	A	A	C	C	C
湖北	C	A	C	C	D	C	A	C	A	C
湖南	D	B	C	C	C	A	A	A	C	D
广东	C	C	D	D	D	A	C	C	B	C
广西	D	C	D	D	D	D	A	C	A	D
海南	D	C	C	C	D	C	A	D	D	D
重庆	C	C	C	C	C	A	A	C	C	C
四川	C	C	D	C	C	C	C	A	D	C
贵州	C	C	C	C	C	C	C	A	B	C
云南	C	C	D	C	C	C	B	A	A	C
陕西	C	C	C	D	C	D	C	C	A	C
甘肃	D	C	A	C	D	C	C	C	H	D
青海	D	C	C	B	D	D	D	A	A	D
宁夏	C	C	C	C	C	C	C	C	C	C
新疆	D	D	D	C	D	D	D	D	D	D
东部	C	C	C	D	C	C	A	C	C	C
中部	C	C	C	C	C	C	A	C	C	C
西部	C	C	C	C	D	C	C	C	A	C

注：表中 A、B、C、D、E、H 分别表示图 5.1 中的脱钩状态，分别为"增长强脱钩""增长弱脱钩""增长连接""扩张负脱钩""衰退连接"和"低碳衰退弱脱钩"。

附表5　　　　　　　　省域能源消费二氧化碳排放量　　　　　　　　单位：亿吨

省域	1995	1996	1997	1998	1999	2000	2001	2002	2003	2004	2005
北京	0.97	1.01	0.97	0.97	0.98	1.01	1.01	1.00	1.04	1.16	1.19
天津	0.75	0.72	0.76	0.75	0.77	0.86	0.90	0.93	1.02	1.16	1.24
河北	2.69	2.74	2.80	2.80	2.88	3.01	3.12	3.47	3.95	4.61	5.75
山西	3.27	3.36	3.22	3.32	3.02	3.14	3.51	4.29	4.86	5.13	5.66
内蒙古	1.00	1.09	1.27	1.16	1.20	1.29	1.38	1.52	1.98	2.52	3.12
辽宁	3.10	3.09	3.14	3.03	3.08	3.50	3.49	3.62	3.94	4.34	4.88
吉林	1.19	1.26	1.28	1.14	1.15	1.13	1.18	1.23	1.40	1.50	1.74
黑龙江	1.81	1.77	1.95	1.82	1.84	1.90	1.84	1.82	2.04	2.21	2.49
上海	1.44	1.47	1.52	1.52	1.59	1.73	1.78	1.87	2.04	2.15	2.29
江苏	2.28	2.29	2.22	2.28	2.33	2.43	2.45	2.64	3.01	3.70	4.80
浙江	1.17	1.27	1.32	1.32	1.40	1.65	1.69	1.95	2.19	2.57	2.99
安徽	1.22	1.30	1.26	1.33	1.37	1.46	1.53	1.61	1.79	1.86	1.96
福建	0.49	0.54	0.52	0.55	0.60	0.66	0.67	0.78	0.93	1.09	1.32
江西	0.74	0.68	0.65	0.64	0.66	0.69	0.71	0.74	0.88	1.06	1.17
山东	2.65	2.73	2.74	2.67	2.68	2.60	3.05	3.30	4.06	5.15	7.12
河南	1.87	1.90	1.85	1.92	1.98	2.09	2.23	2.43	2.48	3.48	4.24
湖北	1.48	1.57	1.64	1.60	1.65	1.68	1.64	1.75	1.96	2.16	2.42
湖南	1.33	1.37	1.17	1.19	1.01	0.98	1.09	1.17	1.33	1.63	2.16
广东	1.84	1.91	1.92	2.00	2.15	2.40	2.50	2.67	3.03	3.45	3.85
广西	0.55	0.55	0.51	0.52	0.52	0.56	0.56	0.58	0.69	0.90	0.99
海南	0.06	0.06	0.06	0.07	0.08	0.09	0.09	0.15	0.21	0.19	0.16
重庆	0.68	0.71	0.63	0.68	0.72	0.72	0.67	0.73	0.66	0.75	1.06
四川	1.45	1.50	1.50	1.49	1.29	1.29	1.29	1.48	1.88	2.15	2.28
贵州	0.85	1.01	1.09	1.15	1.07	1.09	1.06	1.11	1.42	1.66	1.65
云南	0.69	0.74	0.80	0.79	0.75	0.75	0.79	0.95	1.21	1.51	1.76
陕西	0.91	0.98	0.93	0.92	0.85	0.83	0.93	1.07	1.22	1.53	1.79
甘肃	0.79	0.82	0.80	0.80	0.81	0.87	0.88	0.93	1.05	1.19	1.29
青海	0.13	0.13	0.14	0.14	0.16	0.14	0.17	0.18	0.20	0.21	0.27
宁夏	0.25	0.25	0.26	0.25	0.25	0.25	0.40	0.54	0.69	0.65	0.74
新疆	0.84	0.94	0.94	0.97	0.95	1.01	1.03	1.08	1.17	1.33	1.52
合计	36.8	37.86	37.79	37.61	37.81	39.89	41.19	44.73	51.72	59.84	70.51

续表

省域	2006	2007	2008	2009	2010	2011	2012	2013	2014	2015	总量
北京	1.22	1.30	1.32	1.35	1.37	1.28	1.30	1.17	1.21	1.17	24.02
天津	1.32	1.41	1.40	1.50	1.84	2.01	2.03	2.09	2.01	1.97	27.45
河北	6.20	6.77	7.05	7.52	8.08	9.14	9.27	9.28	8.82	8.74	118.67
山西	6.29	6.56	6.30	6.24	6.69	7.38	7.70	7.89	8.08	8.00	113.93
内蒙古	5.03	4.23	5.03	5.48	6.04	7.54	7.83	7.65	7.83	7.81	82.00
辽宁	5.27	5.67	5.93	6.14	6.72	7.18	7.43	7.10	7.11	6.92	104.69
吉林	1.84	1.94	2.20	2.25	2.47	2.87	2.83	2.72	2.69	2.52	38.51
黑龙江	2.65	2.85	3.02	3.15	2.50	3.67	3.84	3.60	3.65	3.63	54.03
上海	2.28	2.34	2.47	2.46	3.42	2.76	2.72	2.85	2.59	2.67	45.96
江苏	5.25	5.66	5.74	6.00	6.70	7.72	7.88	8.06	8.01	8.29	99.73
浙江	3.37	3.77	3.84	4.00	4.23	4.54	4.40	4.42	4.37	4.42	60.91
安徽	2.11	2.35	2.69	2.96	3.14	3.36	3.51	3.79	3.91	3.92	48.43
福建	1.46	1.65	1.72	2.04	2.26	2.58	2.56	2.49	2.84	2.74	30.51
江西	1.28	1.40	1.42	1.48	1.73	1.91	1.92	2.05	2.08	2.18	26.06
山东	8.17	8.88	9.43	9.82	10.85	11.43	12.03	11.66	12.48	13.28	146.79
河南	4.81	5.32	5.49	5.61	6.07	6.69	6.25	6.16	6.22	6.23	85.32
湖北	2.71	2.99	2.93	3.14	3.61	4.10	4.10	3.53	3.57	3.54	53.76
湖南	2.29	2.65	2.62	2.76	2.93	3.27	3.22	3.10	3.01	3.17	43.45
广东	4.27	4.63	4.81	5.18	5.81	6.26	6.16	6.10	6.12	6.13	83.17
广西	1.08	1.25	1.27	1.41	1.72	2.11	2.32	2.29	2.28	2.17	24.82
海南	0.24	0.45	0.46	0.49	0.54	0.63	0.66	0.60	0.67	0.73	6.69
重庆	1.16	1.26	1.32	1.42	1.56	1.78	1.76	1.51	1.62	1.64	23.02
四川	2.51	2.82	2.96	3.33	3.42	3.46	3.60	3.68	3.28	3.57	50.20
贵州	1.90	2.05	2.10	2.30	2.32	2.57	2.81	2.91	2.81	2.79	37.73
云南	1.94	2.03	2.09	2.27	2.39	2.47	2.57	2.53	2.27	2.03	33.30
陕西	2.19	2.39	2.65	2.88	3.41	3.78	4.34	4.60	4.85	4.80	47.84
甘肃	1.38	1.53	1.56	1.54	1.72	1.98	2.04	2.11	2.12	2.06	28.28
青海	0.31	0.37	0.40	0.41	0.41	0.48	0.57	0.63	0.59	0.54	6.59
宁夏	0.80	0.89	1.00	1.10	1.30	1.73	1.86	1.97	2.01	2.08	19.27
新疆	1.74	1.89	2.10	2.45	2.75	3.25	3.75	4.28	4.76	4.83	43.60
合计	79	83	89	94	105.	114	117	117	115	118	1532

注：列项"总量"指1995—2015年各省市区累计碳排放量，行项"合计"指各年30省市区能源消费碳排放总量。

附表6　　省域能源消费二氧化碳排放强度　　单位：吨/万元

省域	1995	1996	1997	1998	1999	2000	2001	2002	2003	2004	2005
全国	5.06	4.67	4.21	3.87	3.62	3.51	3.31	3.26	3.35	3.44	3.54
北京	5.11	5.25	4.58	4.09	3.78	3.50	2.38	2.03	1.86	1.84	1.71
天津	6.38	5.49	5.23	4.74	4.46	4.48	4.09	3.81	3.57	3.59	3.17
河北	7.46	6.67	6.05	5.57	5.28	5.05	4.93	5.05	5.13	5.23	5.75
山西	24.05	21.62	18.62	18.93	16.80	16.29	15.08	16.19	15.30	13.83	13.39
内蒙古	9.19	9.32	9.89	8.22	7.94	7.88	7.02	6.87	7.47	7.96	7.98
辽宁	8.78	8.24	7.50	6.61	6.17	6.41	6.05	5.82	5.90	6.27	6.06
吉林	8.25	7.96	7.54	6.18	5.80	5.32	4.87	4.61	4.72	4.61	4.81
黑龙江	7.17	6.20	6.15	5.50	5.31	4.98	4.73	4.39	4.52	4.47	4.51
上海	4.54	4.27	3.86	3.50	3.30	3.24	2.98	2.85	2.74	2.57	2.48
江苏	3.49	3.21	2.85	2.68	2.53	2.42	2.26	2.18	2.18	2.37	2.58
浙江	2.61	2.58	2.44	2.25	2.18	2.33	2.14	2.14	2.03	2.12	2.23
安徽	5.32	4.68	4.05	4.02	3.94	4.10	4.12	4.00	4.11	3.76	3.67
福建	1.85	1.75	1.49	1.42	1.42	1.45	1.43	1.54	1.68	1.82	2.01
江西	5.00	3.77	3.26	2.94	3.00	2.94	2.84	2.65	2.81	2.96	2.89
山东	4.22	3.86	3.53	3.16	2.93	2.60	2.89	2.82	3.02	3.30	3.88
河南	4.94	4.37	3.88	3.73	3.63	3.48	3.51	3.53	3.25	3.92	4.01
湖北	5.53	4.45	4.07	3.65	3.57	3.36	3.68	3.65	3.71	3.69	3.66
湖南	4.95	4.37	3.35	3.24	2.53	2.26	2.48	2.47	2.56	2.78	3.27
广东	2.45	2.46	2.25	2.14	2.12	2.13	1.81	1.73	1.72	1.76	1.71
广西	2.89	2.72	2.40	2.31	2.22	2.31	2.12	2.00	2.19	2.52	2.48
海南	1.20	1.30	1.33	1.40	1.41	1.44	1.43	2.15	2.77	2.27	1.77
重庆	5.31	5.05	3.98	4.04	4.08	3.86	3.30	3.23	2.61	2.67	3.06
四川	4.69	4.23	3.85	3.53	2.90	2.74	2.61	2.75	3.17	3.25	3.08
贵州	10.51	11.87	11.76	11.60	9.81	9.41	8.14	7.84	8.98	9.54	8.25
云南	4.44	4.17	4.19	3.71	3.37	3.27	3.20	3.59	4.25	4.71	5.10
陕西	6.96	7.05	6.10	5.65	4.77	4.24	4.05	4.15	4.23	4.65	4.55
甘肃	11.20	9.62	8.76	7.84	7.27	7.53	6.85	6.63	6.73	6.77	6.68
青海	6.35	6.00	5.94	5.37	5.66	4.64	4.96	4.53	4.62	4.43	4.92
宁夏	11.13	10.97	10.44	9.41	8.72	8.09	10.23	12.57	13.85	11.70	12.00
新疆	8.12	8.71	7.69	7.37	6.79	6.30	6.04	5.86	5.59	5.81	5.85
方差	17.33	15.27	12.67	12.09	9.41	8.80	8.08	9.78	10.15	8.18	7.69

续表

省域	2006	2007	2008	2009	2010	2011	2012	2013	2014	2015	降幅（%）
全国	3.54	3.36	3.24	3.12	3.13	3.08	2.92	2.70	2.50	2.42	3.45
北京	1.57	1.48	1.43	1.34	1.25	1.10	1.03	0.87	0.84	0.75	8.73
天津	3.08	3.00	2.52	2.41	2.57	2.49	2.25	2.11	1.89	1.76	5.95
河北	5.62	5.57	5.32	5.26	5.11	5.20	4.98	4.76	4.42	4.32	2.57
山西	13.41	12.19	10.40	10.23	9.38	9.16	9.09	9.10	9.33	9.24	4.45
内蒙古	10.58	7.38	7.16	6.78	6.67	7.33	7.05	6.60	6.49	6.46	1.66
辽宁	5.89	5.69	5.24	4.87	4.70	4.51	4.28	3.81	3.66	3.56	4.21
吉林	4.47	4.12	4.13	3.72	3.67	3.79	3.39	3.04	2.87	2.64	5.29
黑龙江	4.43	4.49	4.39	4.43	3.12	4.07	4.01	3.64	3.57	3.55	3.29
上海	2.24	2.10	2.12	1.97	2.57	2.01	1.93	1.91	1.62	1.57	4.94
江苏	2.51	2.44	2.24	2.10	2.09	2.19	2.08	1.97	1.81	1.74	3.25
浙江	2.23	2.25	2.16	2.10	1.97	1.96	1.82	1.71	1.60	1.52	2.54
安徽	3.58	3.58	3.67	3.55	3.27	3.07	2.92	2.88	2.76	2.62	3.31
福建	2.00	2.00	1.92	2.01	1.98	2.05	1.86	1.66	1.74	1.55	0.82
江西	2.75	2.70	2.46	2.34	2.36	2.36	2.27	2.11	2.08	1.95	1.92	4.46
山东	3.88	3.86	3.68	3.49	3.57	3.52	3.44	3.08	3.09	3.11	1.45
河南	4.04	3.97	3.68	3.48	3.39	3.47	3.02	2.79	2.62	2.48	3.23
湖北	3.69	3.58	3.12	2.93	2.91	2.92	2.64	2.08	1.92	1.77	5.29
湖南	3.10	3.15	2.74	2.55	2.36	2.32	2.08	1.84	1.64	1.62	5.19
广东	1.67	1.63	1.58	1.58	1.63	1.64	1.54	1.43	1.33	1.24	3.18
广西	2.36	2.41	2.19	2.20	2.32	2.52	2.54	2.32	2.15	1.90	1.98
海南	2.39	3.98	3.71	3.58	3.35	3.48	3.28	2.78	2.80	2.92	-4.32
重庆	3.07	3.01	2.74	2.62	2.54	2.48	2.20	1.73	1.67	1.53	5.74
四川	3.01	2.99	2.84	2.84	2.57	2.29	2.15	2.04	1.69	1.75	4.58
贵州	8.44	7.97	7.13	7.10	6.51	6.28	5.85	5.26	4.47	3.91	4.59
云南	5.06	4.76	4.43	4.43	4.27	3.88	3.56	3.12	2.61	2.20	3.30
陕西	4.80	4.65	4.38	4.26	4.35	4.21	4.29	4.14	4.03	3.93	2.69
甘肃	6.29	6.36	5.96	5.49	5.38	5.52	5.16	4.87	4.58	4.48	4.27
青海	5.02	5.18	4.77	4.56	3.90	4.02	4.33	4.34	3.75	3.30	3.08
宁夏	11.52	10.90	10.01	9.78	9.91	11.47	11.33	11.19	10.76	10.53	0.26
新疆	5.94	6.02	6.06	6.92	6.52	6.86	7.15	7.41	7.56	7.64	0.29
方差	8.58	6.14	4.79	4.75	4.25	5.14	5.22	5.38	5.40	5.41	

附表7　　省域能源消费人均二氧化碳排放强度量　　单位：吨/人

省域	1995	1996	1997	1998	1999	2000	2001	2002	2003	2004	2005
全国	3.04	3.09	3.06	3.01	7.81	3.15	3.23	3.48	4.00	4.60	5.39
北京	7.79	8.00	7.81	7.79	7.81	7.44	7.31	7.03	7.14	7.78	7.75
天津	8.40	8.00	8.40	8.25	8.06	8.60	8.97	9.27	10.12	11.33	11.89
河北	4.18	4.22	4.29	4.26	4.35	4.50	4.65	5.15	5.83	6.76	8.40
山西	10.64	10.80	10.26	10.46	9.44	9.66	10.73	13.03	14.65	15.39	16.88
内蒙古	4.36	4.73	5.47	4.93	5.10	5.45	5.79	6.38	8.31	10.51	12.97
辽宁	7.69	7.62	7.70	7.40	7.38	8.37	8.33	8.62	9.35	10.30	11.56
吉林	4.66	4.90	4.91	4.36	4.33	4.23	4.40	4.57	5.17	5.52	6.42
黑龙江	4.88	4.74	5.19	4.81	4.85	4.99	4.83	4.78	5.34	5.78	6.51
上海	11.04	11.29	11.62	11.65	10.80	10.74	10.67	10.90	11.56	11.74	12.12
江苏	3.22	3.22	3.11	3.17	3.23	3.32	3.32	3.56	4.03	4.91	6.32
浙江	2.67	2.88	2.98	2.97	3.12	3.52	3.58	4.08	4.50	5.21	6.00
安徽	2.03	2.15	2.07	2.16	2.19	2.39	2.50	2.61	2.91	2.99	3.21
福建	1.52	1.65	1.59	1.67	1.82	1.94	1.94	2.26	2.65	3.09	3.70
江西	1.82	1.65	1.58	1.53	1.57	1.66	1.70	1.75	2.06	2.49	2.72
山东	3.04	3.13	3.12	3.02	3.02	2.89	3.37	3.64	4.45	5.62	7.70
河南	2.05	2.07	2.00	2.06	2.11	2.20	2.33	2.53	3.56	3.59	4.52
湖北	2.56	2.69	2.80	2.70	2.77	2.98	2.90	3.09	3.45	3.79	4.23
湖南	2.09	2.14	1.82	1.83	1.54	1.49	1.65	1.76	1.99	2.43	3.41
广东	2.49	2.52	2.47	2.50	2.96	2.78	2.86	3.02	3.38	3.78	4.19
广西	1.21	1.20	1.10	1.11	1.10	1.17	1.16	1.19	1.41	1.84	2.12
海南	0.76	0.82	0.86	0.96	1.04	1.11	1.15	1.90	2.63	2.30	1.92
重庆	2.28	2.46	2.19	2.37	2.35	2.52	2.37	2.60	2.35	2.67	3.80
四川	1.78	1.83	1.81	1.79	1.50	1.54	1.58	1.82	2.29	2.66	2.77
贵州	2.41	2.83	3.02	3.15	2.88	2.91	2.79	2.90	3.68	4.26	4.43
云南	1.72	1.83	1.97	1.90	1.78	1.76	1.83	2.18	2.76	3.41	3.96
陕西	2.60	2.78	2.60	2.56	2.34	2.26	2.56	2.91	3.31	4.16	4.85
甘肃	3.24	3.31	3.21	3.19	3.18	3.44	3.50	3.68	4.13	4.67	5.07
青海	2.80	2.68	2.83	2.77	3.16	2.77	3.26	3.33	3.75	3.98	4.92
宁夏	4.82	4.84	4.86	4.71	4.63	4.54	7.03	9.46	11.81	11.11	12.33
新疆	5.04	5.59	5.49	5.56	5.35	5.44	5.51	7.03	6.16	6.80	7.58
方差	7.04	7.09	7.27	7.11	6.23	6.57	7.23	8.81	10.98	11.63	13.81

续表

省域	2006	2007	2008	2009	2010	2011	2012	2013	2014	2015	增幅（%）
全国	6.03	6.33	6.72	7.07	7.90	8.52	8.70	8.60	8.47	8.62	5.09
北京	7.64	7.76	7.45	7.27	6.99	6.33	6.26	5.55	5.64	5.39	-1.74
天津	12.29	12.61	11.90	12.25	14.13	14.87	14.35	14.18	13.28	12.74	2.00
河北	8.99	9.75	10.08	10.68	11.24	12.63	12.72	12.65	11.95	11.77	5.05
山西	18.65	19.33	18.47	18.21	18.72	20.53	21.33	21.74	22.16	21.84	3.48
内蒙古	20.84	17.41	20.59	22.28	24.42	30.38	31.46	30.61	31.28	31.12	9.81
辽宁	12.34	13.20	13.74	14.13	15.37	16.38	16.94	16.18	16.18	15.80	3.49
吉林	6.76	7.12	8.03	8.20	8.98	10.43	10.30	9.87	2.10	9.14	3.27
黑龙江	6.93	7.45	7.89	8.24	6.53	9.57	10.02	9.39	9.52	9.53	3.24
上海	11.61	11.34	11.54	11.12	14.86	11.77	11.44	11.78	10.67	11.06	0.01
江苏	6.85	7.33	7.40	7.68	8.52	9.78	9.95	10.15	10.06	10.40	5.73
浙江	6.65	7.31	7.38	7.58	7.77	8.31	8.04	8.04	7.94	7.99	5.35
安徽	3.45	3.84	4.38	4.83	5.26	5.63	5.87	6.29	6.43	6.38	5.60
福建	4.08	0.09	4.74	5.56	6.13	6.94	6.84	6.59	7.47	7.14	7.66
江西	2.94	3.19	3.22	3.35	3.87	4.25	4.25	4.53	4.59	4.77	4.69
山东	8.78	9.49	10.01	10.36	11.32	11.86	12.42	11.98	12.75	13.48	7.35
河南	5.12	5.69	5.82	5.91	6.45	7.12	6.65	6.54	6.59	6.57	5.69
湖北	4.75	5.24	5.13	5.50	6.30	7.13	7.10	6.09	6.14	6.05	4.19
湖南	3.61	4.18	4.11	4.31	4.46	4.95	4.85	4.64	4.47	4.67	3.91
广东	4.52	4.79	4.86	5.11	5.56	5.96	5.81	5.73	5.71	5.65	3.99
广西	2.28	2.62	2.64	2.91	3.73	4.55	4.96	4.86	4.80	4.52	6.49
海南	2.87	5.27	5.40	5.68	6.17	7.17	7.40	6.75	7.37	8.06	11.88
重庆	4.12	4.47	4.63	4.95	5.42	6.10	5.96	5.10	5.42	5.42	4.22
四川	3.08	3.47	3.63	4.07	4.25	4.29	4.46	4.54	4.03	4.35	4.36
贵州	5.15	5.65	5.84	6.51	6.67	7.40	8.06	8.32	8.01	7.90	5.82
云南	4.33	4.49	4.59	4.96	5.20	5.33	5.51	5.39	4.81	4.28	4.43
陕西	5.92	6.45	7.13	7.73	9.14	10.09	11.55	12.22	12.84	12.66	7.83
甘肃	5.41	6.02	6.12	6.04	6.71	7.74	7.92	8.17	8.20	7.93	4.35
青海	5.72	6.68	7.25	7.34	7.25	8.48	10.02	10.90	10.06	9.19	5.82
宁夏	13.33	14.66	16.15	17.54	20.50	27.03	28.69	30.17	30.40	31.16	9.30
新疆	8.49	9.04	9.85	11.36	12.57	14.71	16.81	18.91	20.70	20.48	6.90
方差	19.86	17.04	19.31	20.91	26.48	39.07	43.60	46.20	48.66	49.23	